Matthias Rickling

Lippe

55 Meilensteine der **Geschichte**

Menschen, Orte und Ereignisse, die unsere Region bis heute prägen

SUTTON

Inhalt

DIESEL
WAGENPFLEGE
HEBEBÜHNE

Vorwort

Das kleine Ländchen am Rande von Nordrhein-Westfalen benennt sich wirklich nach einem Fluss, der das Landesgebiet nicht einmal berührt. Das mag merkwürdig erscheinen, bestätigt aber bereits im Namen, dass das Lipperland ein Geschichtenland ist.

Und die Lipper lieben die Eigenarten und Eigenheiten ihres Landes, das fast zur Gänze von Ostwestfalen umschlungen wird und im Nordosten schon Niedersachsen berührt. Sie beweisen das mit zahllosen Vereinen, in denen sie ihre Traditionen und das Brauchtum pflegen. Die enge Heimatverbundenheit im heutigen Kreis Lippe wurde vornehmlich durch Beständigkeit geprägt. Denn seit den bescheidenen Anfängen der kleinen lippischen Herrschaft zu Beginn des 12. Jahrhunderts über ihren Aufstieg zur Grafschaft (1528), zum Fürstentum (1789) und demokratischen Freistaat (1918) können die Bewohner auf eine mehr als acht Jahrhunderte währende Selbstständigkeit zurückblicken, die erst 1947 mit dem Anschluss an Nordrhein-Westfalen verloren ging. Zudem hat sich die räumliche Ausdehnung des Lipperlandes seit der Herrschaft der Edelherren bis zur Gründung des heutigen Kreises Lippe (1972) weitgehend erhalten. Keine Frage also, dass sich in fast 900 Jahren fortwährender Geschichte zahlreiche Besonderheiten und Charakteristiken entwickelt haben.

Das gilt auch für die allgegenwärtige fünfblättrige Rose, die schon seit den Anfängen die Herrschaft der lippischen Edelherren symbolisiert. Da Blumen nur selten zu einem Wappen des Hochadels bestimmt wurden, ist die lippische Rose durchaus eine Besonderheit. Obendrein ist nicht bekannt, ob Wappenstifter Bernhard II. dabei einst die fromme Marienverehrung oder gar die ritterliche Minne im Sinn hatte. Dessen ungeachtet hat das blumige Symbol die Ehre, zwischen Rhein und Ross auf dem Wappen von Nordrhein-Westfalen zu prangen.

Aus allen Zeiten der Rose sowie den ferneren Epochen finden sich in Lippe unerschöpfliche Geschichten über Orte, Ereignisse und Persönlichkeiten, die sämtlich des Erzählens wert sind. Im Folgenden sind 55 Meilensteine aus der Vergangenheit Lippes versammelt, die ebenso knapp wie kurzweilig von dem ganz eigenen Charakter dieses kleinen Landes zwischen Weser und Teutoburger Wald erzählen. Die vorliegende Auswahl für 55 kleine Entdeckungsreisen durch die Geschichte des Lipperlandes erhebt selbstverständlich keinerlei Anspruch auf Vollständigkeit und ist einzig der Willkür des Autors geschuldet.

Viel Freude damit wünscht

Matthias Rickling

Blick über Lügde, im Vordergrund ein Holzrad für den Osterräderlauf. ►

1 Himmlische Brocken
Die Johannissteine von Lage

Die Fachleute nennen sie „Großgeschiebe" oder „erratische Blöcke" und meinen damit dicke Findlinge. Jene gigantischen Felsbrocken also, die einst von den Gletschern zu uns gebracht wurden und die Menschen seit jeher faszinieren. Die bedeutendsten „grauen Riesen" Lippes sind die drei Johannissteine bei Lage.

Erste Untersuchungen ergaben, dass das dicke Trio im Verlauf der größten Vereisung Nordeuropas, der Saale-Kaltzeit, vor rund 200.000 Jahren aus der Gegend zwischen Stockholm und Turku nach Lippe gelangte. Die drei gewichtigen Granitblöcke sind daher in erster Linie ein Naturdenkmal, über das man sich in der Gegend allerlei sagenhafte Dinge erzählt. Zudem dichtete man ihnen aufgrund einiger merkwürdiger Löcher und Vertiefungen ein wenig steinzeitlichen Kult an. Beweise dafür gab es indes keine. Das sollte sich ändern, als man um 1950 und erneut 1980 in direkter Umgebung zahlreiche Feuersteinabsplisse, Eisenschlacke und weitere Artefakte aus der Stein- und Bronzezeit barg. Die Wissenschaftler wurden hellhörig und nahmen auch die drei Kaventsmänner näher in Augenschein. Und tatsächlich identifizierten sie diverse Einmeißelungen als Symbolzeichen vergangener Kulturen. Hier eine Herzform, darüber drei parallele Kerben und eine „Rune", dort zwei Fünfkantlöcher und ein fünfeckiges Zeichen. Auf dem Zweiten Stein lässt sich in Näpfchen, zwei Bohrungen und gebogener Kerbe eine Art neolithischer Smiley erkennen. Und könnte der Kreis vielleicht ein Sonnensymbol sein? Was bedeutet das Hexagramm und ist die Vertiefung womöglich ein Sitz? Auch der dritte Brocken im Bunde weist diverse

Mysteriöser Granit: die Johannissteine.

Kerben und Löcher auf, was die Vermutung bestärkt, dass hier so etwas wie ein frühgeschichtlicher Sonnenkult betrieben wurde, aus dem später eine Gerichts- und Richtstätte wurde. Nennt man den größten Stein womöglich nicht umsonst „Opferstein"? Eine weitere Theorie, die jedoch nur kopfschüttelnd zur Kenntnis genommen wurde, war die einer Kalenderanlage. Na klar, wäre ein lippisches Stonehenge nicht der Traum der Tourismusbranche? Doch spätestens seit dem Fund der Himmelsscheibe von Nebra und dem Observatorium von Goseck wissen wir von den astronomischen Kenntnissen unserer frühen Vorfahren. Und plötzlich erschienen auch die Johannissteine von Lage in einem ganz anderen Licht. Eine genau Vermessung, die Analyse ihrer Lage zueinander sowie die Anordnung der künstlichen Vertiefungen lassen den Schluss zu, dass es sich bei den drei lippischen Urgesteinen tatsächlich um eine vor- bzw. frühgeschichtliche Kalenderanlage handelt. Die Wahrscheinlichkeit, dass es sich nicht um eine zufällige Anordnung handelt, liegt nach wissenschaftlicher Verlautbarung bei 99,998 Prozent und man nahm die Steine in das Forschungsprogramm „Archäoastronomische Felsdenkmäler" der Uni Bochum auf. Und sollte sich all das am Ende doch nicht bewahrheiten – auch ohne astronomisch-kalendarische Funktion sind die drei Brocken ein ziemlich himmlischer Höhepunkt von Lippe.

2 Westfalens Wüste lebt
Die Sennelandschaft

Sowohl die Lipper als auch die benachbarten Ostwestfalen finden in ihrer Heimat so manches schöne Stück Natur. Geht es jedoch um das weithin extremste, wichtigste und bedeutendste Naturstück, dann verweisen beide auf jene außergewöhnliche Landschaft zwischen Bielefeld, Paderborn und Detmold: die Senne.

Über eine Fläche von rund 350 Quadratkilometern erstreckt sich die Senne am Rande des Teutoburger Waldes. Sie war über Jahrhunderte eine vergessene, von den Menschen verschmähte Landschaft, da sich die Bedingungen für

eine Besiedlung und Bewirtschaftung als äußerst ungünstig erwiesen. Die extrem trockenen und nährstoffarmen Sandböden erbrachten allenfalls spärliche Erträge und die Region galt lange als öder Landstrich, der in alten Karten gar als „Desertum Sinedi", also als „Wüste" bezeichnet wurde. Die bis zu 30 Meter mächtigen Sandschichten, die das Erscheinungsbild der Senne bis heute prägen, entstanden in der Saale-Kaltzeit vor rund 200.000 Jahren. Auf dem Weg hierher hobelten und schliffen die mächtigen Gletscher jede Menge Sandstein zu feinstem Sand, der sich schließlich in einem großen Schmelzwassersee ablagerte. So entstand eine einzigartige, jedoch nicht einheitliche Naturlandschaft, in der sich eine überraschende Vielfalt an Lebensräumen entwickelt hat. Hier finden sich Trocken- und Feuchtheiden, besondere Geländeformen wie Sanddünen und Ausblasungswannen, Heidemoore und Bruchwälder. Häufig erscheinen die Übergänge von sehr trockenen zu triefend feuchten Bereichen innerhalb nur weniger Meter. Und weil die Gegend kaum besiedelt, wenig bewirtschaftet und nur von einigen Verkehrswegen durchschnitten wird, ein großer Teil zudem bereits seit dem 19. Jahrhundert als gesperrter Truppenübungsplatz genutzt wird, konnte in der Senne eine erstaunliche Artenvielfalt entstehen. Mehr als 5.000 Pflanzen- und Tierarten sind hier beheimatet, von denen über 900 sogar auf der Roten Liste der gefährdeten Arten stehen.

So entwickelte sich die menschenwidrigste und nährstoffärmste Region Nordrhein-Westfalens zur bedeutendsten Landschaft für den Naturschutz und zu einem europaweiten Hotspot der Biodiversität. Der Erhaltung, Pflege und Entwicklung dieser besonderen, ursprünglichen Gegend in Ostwestfalen kommt daher heute eine beträchtliche Bedeutung zu. Seit 2003 gilt die Senne mit dem angrenzenden Teuto als Naturschutzgroßprojekt, also als national bedeutsamer und repräsentativer Naturraum mit gesamtstaatlicher Bedeutung. Und weil zum Naturschutz auch das Naturerleben gehört, wurden jüngst verschiedene Rundwanderwege wie die Ochsentour, der Dünenpfad oder der Holzweg eingerichtet.

Die Senne: einst Wüste, heute Hotspot der Biodiversität.

3 Die tiefsten Tiefen der Zeit
Der archäologische Lehrpfad Oesterholz

Die restaurierte Mühle, das beeindruckende Fachwerk eines Schlosses und die langen Baumreihen der Fürstenallee erzählen in der Nähe von Schlangen von der spannenden Geschichte Lippes. In Oesterholz darf man sogar noch sehr viel tiefer in die Vergangenheit vordringen. Auf dem archäologischen Lehrpfad gelangt man bis in die Bronzezeit.

Als man zu Beginn der 1980er-Jahre daranging, ein vielleicht drei- bis viertausend Jahre altes Gräberfeld abzusichern und zu schützen, da hatte neben diversen Raubgrabungen auch der Abbau von Sand schon fast ganze Arbeit geleistet. Denn was arglosen Spaziergängern zuvor nur als ganz natürliche Erhebungen erschien, sind in Wahrheit die Überreste von mit Sand und Grassoden überdeckten Hügelgräbern unserer bronzezeitlichen Vorfahren. Als man sich schließlich dazu entschieden hatte, das Bodendenkmal mittels eines Rundweges dem Vergessen zu entreißen, wurden einige der noch vorhandenen Grabhügel eingehend von Archäologen unter die Lupe genommen, um mehr über die archaischen Konstruktionen zu erfahren. Die Befunde der wissenschaftlich durchgeführten Grabungen an den Hügelgräbern werden seither auf Informationstafeln dargestellt und bieten einen Einblick in die Zeit von 1800 bis 700 vor Christi Geburt. Ein Erlebnispfad erschließt das Feld mit zehn noch immer erkennbaren Grabhügeln, wobei zwei in Originalgröße nachgebildete Gräber im Querschnitt zeigen, wie sich die Bauweise im Einzelnen durchaus unterscheidet. Der lehrreiche Pfad mit seiner Präsentation unter freiem Himmel ist in Lippe eine archäologische Besonderheit, da Siedlungsspuren aus der Zeit um 1000 vor unserer Zeitrechnung äußerst selten sind. In der ganzen Region gibt es kaum Vergleichbares.

Spaziergang in die Bronzezeit.

4 Zu Obelisk und Blaubeerfeld
Die lippische Velmerstot

Die Velmerstot ist die höchste Erhebung im Eggegebirge und ein natürlicher Höhpunkt Lippes. Genau dort, wo die Egge in den Teuto übergeht, erhebt sich in über 400 Metern Höhe ein hinreißender Zwillingsgipfel, der mit eindrucksvollem Weitblick und bizarren Sandsteinformationen imponiert.

Um auf die lippische Zugspitze zu gelangen, bieten sich als Startplatz die kleinen Örtchen Feldrom und Veldrom an. Kaum ausgestiegen, schon steckt man mitten in fernster Vergangenheit, in der sich die merkwürdige Bezeichnung für die Bergspitzen ergab. Es gab hier im 11. Jahrhundert den Ort Druheim, der dann zu Droheim und Drohme wurde. Aus den Feldern zu Drohme wurde die Bezeichnung Veld to Drome, der dann auf die beiden Orte Feldrom und Veldrom überging. Vor Feldrom lag der Steilabhang (Stot) den man Feldrom-stot nannte, während der Steilabhang vor Veldrom zum Velmer-stot wurde. Folgt man dem kurvigen Waldweg, erhebt sich zunächst die nördliche, 441 Meter hohe Kuppe, die als Lippische Velmerstot bezeichnet wird. Rings um den Gipfel sind zahlreiche Sandsteinquader zu entdecken, die daran erinnern, dass hier einst für Schlösser, Kirchen und Denkmäler zahlreiche Steine gebrochen wurden. Die bekanntesten „Abnehmer" waren der Kölner Dom, das Reichstagsgebäude in Berlin und diverse Brücken der Reichsautobahnen. Nur 650 Meter entfernt versperrt die 464 Meter hohe Preußische Velmerstot die Sicht nach Süden und macht deutlich, dass es sich hier einst um ein Grenzgebiet handelte. Der etwas höhere Bruder beherbergte bis 1994 einen Radar- und Raketenstützpunkt

Lippes schönstes Weitblick-Panorama.

und war daher gesperrtes Militärgebiet. Heute lockt die Kuppe mit dem hölzernen, 17 Meter hohen Eggeturm, von dessen Aussichtsplattform sich das wohl schönste Panorama Lippes entfaltet. Der Blick geht weit über das Land des Hermann hinweg bis in die Soester Börde, ins Weserbergland und das Sauerland. Bei guten Sichtverhältnissen lässt sich in der Ferne sogar der Brocken im Harz ausmachen. Vor dem Abstieg noch einen kurzen Blick auf den Obelisken geworfen und die unendlichen Blaubeerfelder bewundert, dann geht es durch das Tal des Silberbachs wieder hinab. Leise plätschernd begleitet der Silberbach den schon fast märchenhaft beschaulichen Weg hinunter, der von erfahrenen Wandervögeln vor Dürre, Sturm und Borkenkäfer als einer der schönsten in der ganzen Region beschrieben wurde. Ob die oder der Velmerstot, auf alle Fälle eine echte Grenzerfahrung.

5 Kultige Klippen
Die Externsteine

Weithin gibt es kaum einen Ort, dem so viele Rätsel anhaften wie den Externsteinen bei Horn-Bad Meinberg. Die schroffen Felsklippen sind einfach Kult, auch wenn sich die achtbare Wissenschaft einig ist, dass es heute unseriös sei, sie als Kultstätte zu bezeichnen. Nichtsdestotrotz sind sie ein historischer Höhepunkt mit magischer Atmosphäre.

Genau genommen ist es ja nur schnöder Sandstein, den die Laune der Natur modellierte. Nach rund 70 Millionen Jahren der Auffaltung und Verwitterung ragen nun dreizehn Einzelfelsen aus den lippischen Wäldern empor und bilden eine der meistbesuchten Sehenswürdigkeiten in ganz Nordrhein-Westfa-

len. Vielleicht kamen einst tatsächlich ein paar Steinzeitmenschen oder vorchristliche Sachsen vorbei, um sich von den bis zu vierzig Meter hohen Felsformationen beeindrucken zu lassen. Allerdings entspringt die Idee, dass hier schon damals eine urzeitliche Sternwarte, eine bedeutende heidnische Kultstätte oder gar die legendäre Irminsul errichtet wurden, ganz der völkischen Weltanschauung der Nationalsozialisten, die hier aufwendige Sonnenwendfeiern inszenierten. Trotzdem halten sich die fantasievollen Theorien über einen Kult- und Kraftort hartnäckig und locken alljährlich Esoteriker, spirituelle Feuertänzer und knochenknobelnde Schamanen nach Lippe, um im Schatten der Steine die Sommersonnenwende zu erleben und zu feiern. Als gesichert gilt hingegen die Theorie, dass die Mönche der umliegenden Klöster angesichts der aufragenden Felssäulen eine überirdische Spiritualität verspürten und sich der geologischen Eigentümlichkeit bemächtigten. Spätestens ab dem frühen 12. Jahrhundert machten sie sich an den Felsen zu schaffen. Mit der Zeit entstanden verschiedene Grotten, die entfernte Ähnlichkeit mit dem Heiligen Grab und der Golgathakapelle in Jerusalem aufweisen. In ihnen wachte dann ein einsamer Mönch über die Stätte. Am Eingang zur Hauptgrotte wurde zwischen 1130 und 1150 ein über drei Meter hohes Relief in den massiven Stein geschlagen, das die Kreuzesabnahme Jesu zeigt. Die wunderbare Arbeit sorgt mit ihren Details und deren Interpretation immer wieder für Diskussionen. Unstrittig ist hingegen, dass es sich bei dem Steinbild um die älteste Steinmetz-Großplastik nördlich der Alpen und um ein Kunstwerk von europäischem Rang handelt. Um sich einen Überblick über die Externsteine zu verschaffen, sollte man nicht nur die in den Stein gemeißelten Stufen in schwindelerregende Höhen erklimmen, sondern auch den Besuch des modernen Infozentrums in Betracht ziehen. Dort kann man sich über den aktuellen Wissensstand informieren, den Archäologen, Kulturhistoriker und Naturwissenschaftler bis heute zusammengetragen haben. Schnell wird deutlich, die Externsteine sind auch ohne heidnisch-kultische Vergangenheit eine überaus spannende Angelegenheit. Jetzt noch einen Abstecher über den Naturerlebnispfad und dann auf eine kleine Stärkung zum „Felsenwirt“ – das ist unbestritten Kult.

Modelliert von den Launen der Natur.

6 Frei, wild und ursprünglich
Die Senner Pferde

Als Hermann Löns ihnen in freier Wildbahn begegnete, war der Heidedichter schlichtweg ergriffen und schwärmte von ihnen als lebendigem Ausdruck von Freiheit, Wildheit und Ursprünglichkeit. Einst zogen sie in kleinen Herden frei durch die Senne und den Teutoburger Wald – und waren schließlich fast verschwunden. Doch sie sind noch immer da, die Senner Pferde.

Tatsächlich gelten die Senner Pferde als älteste Pferderasse Deutschlands, die wohl schon seit Jahrtausenden durch ihre unbesiedelte Heimat in Lippe traben. Der Bischof von Paderborn erwähnte sie bereits 1160, als er einige von ihnen

verschenkte. Und weil sie sich hervorragend als Jagd- und Militärpferde eignen, ausdauernd und äußerst genügsam sind, war man stets davon überzeugt, die halbwilden Tiere seien Nachkommen jener römischen Rösser, die bei der legendären Schlacht im Teutoburger Wald entlaufen konnten. Eine gerne zitierte Legende. Und weil sie als Streitrösser eine prima Figur machten und sie mit ihren „stählernen" Gliedern gerne als Offizierspferd genommen wurden, sorgten die lippischen Grafen dafür, dass ihr Bestand bereits seit dem 16. Jahrhundert vom Gestüt Lopshorn betreut wurde. Doch trotz Bedacht und aller Sorge kamen 1918 lediglich 38 Tiere in den Besitz des lippischen Staates. Später versteigerten die Nazis das fürstlich-lippische Jagdschloss und Gestüt, das 1945 erst geplündert, dann niedergebrannt wurde und anschließend als Zielscheibe einer militärischen Schießbahn diente. Die Senner Pferde waren fast ausgestorben und gelten noch heute als sehr gefährdete Haustierrasse. Inzwischen bemühen sich jedoch verschiedene Initiativen und Projekte erfolgreich um den Erhalt der Rasse, die im Zuge der Landschaftspflege in der Senne wieder ihre angestammte Wildnis zurückerobern dürfen. Und vielleicht wird dereinst sogar das alte Gestüt samt Schloss wieder aufgebaut. Zukunftsmusik, aber die Pläne dazu liegen bereits in der Schublade. Auch das alte Rätsel ihrer Herkunft konnte vor einiger Zeit mit den Mitteln der modernen Genforschung nachgewiesen werden, zumindest teilweise. Das Ergebnis überrascht: Die Senner haben keinerlei verwandtschaftliche Beziehungen zu europäischen Pferderassen! Ihre nächsten Verwandten, so stellte sich kurioserweise heraus, fand man bei amerikanischen Vollblutarabern, die im 19. Jahrhundert in die USA gekommen waren. Doch wie konnte das sein, wurde doch bereits seit 1703 auf Gestüt Lopshorn jeder Nachwuchs exakt dokumentiert? Das hieße, es müssten bereits vorher Pferde aus der arabischen in die westfälische Wüste gelangt sein. Vielleicht sehr lange vorher? Varus, Varus, sollten es vielleicht doch seine Reittiere gewesen sein …? Das wird sich leider nicht mehr eindeutig nachweisen lassen. Immerhin kann man wieder einige Exemplare dieser edlen Tiere durch die Senne streifen sehen: fast frei, etwas wild und ziemlich ursprünglich.

Streitrösser mit „stählernen" Gliedern.

7 Trügerisches Idyll
Kloster Falkenhagen

Nahe dem Köterberg ist in Falkenhagen eine nahezu geschlossene Klosteranlage erhalten geblieben. Eine kleine Kirche bezaubert mit nadelspitzem Dachreiter, bunte Fenster und spätmittelalterliches Fachwerk beschwören Beschaulichkeit. Doch dieses lippische Idyll trügt, denn es erzählt vom Scheitern, von Zerstörungen und Hexenwahn.

Die Ursprünge dieses Klosters, das als das älteste in Lippe gilt, liegen im Dunkeln. Vermutlich waren es die Grafen von Schwalenberg, die, nachdem sie sich einmal zu oft mit dem Bischof angelegt hatten, um 1228 ein Sühnekloster stifteten. Von unbekannter Stelle verlegten die Zisterzienserinnen das Stift im Jahr 1247 an den Köterberg, wo sie nur mit Mühe zu Hab und Gut kamen. Doch mit ihrem bescheidenen Wohlstand war es bereits 1407 wieder vorbei, als die Gebäude der Eversteiner Fehde zum Opfer fielen und auch die letzte Nonne das Weite suchte. Zwanzig Jahre lag das Kloster wüst, dann gaben die hessischen Wilhelmiten ein fünfjähriges Gastspiel. Erst unter den aus Köln ausgesandten Kreuzherren gelang ab 1442 der Wiederaufbau. Unter ihrer Leitung entwickelte sich Falkenhagen sogar höchst erfolgreich und galt zeitweise als größter und reichster Konvent des Ordens. Trotz Plünderungen während der Soester Fehde, mehreren Feuersbrünsten und dem Wüten der Pest gaben sie nicht auf. Bis um 1500 errichteten sie die Kirche mit ihren wertvollen Glasmalereien, dem filigranen Chorgestühl und einem umfangreichen Wirtschaftshof. Von den Gebäuden der Klausur blieb bis heute das Dormitorium, heute Pfarrhaus, bestehen. Erbaut 1509, gilt es als eines der ältesten datierten Häuser in ganz Nordrhein-Westfalen.

Tatsächlich gelang es dem Orden vom Heiligen Kreuz das Kloster zu wirtschaftlicher und geistlicher Blüte zu führen, sodass hier 1518 fast neunzig Mönche lebten. Doch mit der fortschreitenden Reformation begann ein abermaliger Niedergang. 1596 wurde es aufgehoben und der Besitz zwischen dem Paderborner Bischof und den Grafen zur Lippe aufgeteilt. Allerdings war das noch immer nicht das Ende von Falkenhagen, da der Bischof seinen Teil 1604 an die Jesuiten gab, die sich nun eiligst daranmachten, die protestantischen Nachbarn zum alten Glauben zurückzuführen. Es gelang nur mäßig und die große Gegenreformation blieb aus. Dennoch wurden einige wenige Dörfer teilweise katholisch, im reformierten Lippe eine echte Besonderheit.

Ein Gedenkstein erinnert bis heute an den bekanntesten Bewohner des Klosters: Friedrich Spee von Langenfeld, der berühmte Kritiker der Hexenprozesse, soll sich hier länger aufgehalten haben, um an seiner Schrift „Cautio Criminalis“ (Rechtliche Bedenken) zu arbeiten, die 1631 zunächst anonym erschien und entscheidend zum Ende des Hexen-

800 Jahre zwischen Aufschwung und Niedergang.

wahns in Deutschland beitrug. 1773, mit der Auflösung des Jesuitenordens, endete die monastische Geschichte von Falkenhagen. Es ist ein beschaulicher Ort. Der niedliche Dachreiter ragt in den lippischen Himmel, die bunten Fenster leuchten lebendig und das schwarz-weiße Fachwerkgefüge kündet von gelebter Tradition – und einer 800-jährigen, teils dramatischen Vergangenheit.

8 Ein lebendiges Denkmal
Die Fürstenallee bei Schlangen

Auf der L 937 gelangt man geschwind von Detmold aus in Richtung Süden und überwindet mit ein wenig Schwung im Gepäck die Gauseköte, einen Gebirgspass über den Teutoburger Wald. Schon ist das Fachwerk des traditionsreichen Kreuzkruges zu erkennen, eine Kurve noch und dann befindet man sich auf (!) einem Naturdenkmal der ganz besonderen Art.

Hier, inmitten der weitläufigen Senne-Ebene, ließ Graf Simon VI. zur Lippe gegen Ende des 16. Jahrhunderts das feine Jagdschloss Oesterholz errichten. Die Fachwerkgebäude wurden auf massive Grundmauern gestellt und die gesamte Anlage von einem Wassergraben umgeben, der nur mittels Zugbrücke zu überwinden war. Graf Simon und seine Nachfolger weilten häufig in der wildreichen Gegend, bedeutende Heerführer hielten sich hier während des Dreißigjährigen Krieges auf und immer wieder fanden sich prächtige Jagdgesellschaften ein. Ungemein günstig an der alten Verbindungsstrecke zwischen dem Bischofssitz Paderborn und der lippischen Residenzstadt Detmold gelegen, fanden sich auf dem Schloss immer wieder hochrangige Gesandte zu bedeutungsvollen Verhandlungen ein. Oesterholz war somit eine Art erster Eindruck, ein Aushängeschild Lippes an seiner südöstlichen Grenze. Und um allen ankommenden Gästen gleich ein Beispiel von hiesigem Wohlstand und herrschender Machtfülle zu demonstrieren, wurde zwischen 1730 und 1735 eine 2,5 Kilometer lange vierzügige Eichenallee angelegt. Das prächtige Barockdenkmal benötigte sicher ein paar Jahrzehnte, um seine ganze Pracht zu entfalten, doch

Zeitzeugen der besonderen Art.

dann beeindruckte es wohl jeden Reisenden. Außerdem schützten die Bäume wirksam vor Sonne, Wind und Wetter. Selbst als Oesterholz schon lange ausgedient hatte, behielt die fürstliche Strecke ihre Bedeutung. 1926 wurde die Fürstenallee schließlich als Naturdenkmal unter Schutz gestellt. Doch gegen einen Feind hilft weder Natur- noch Denkmalschutz: das Alter. Die Alleebäume befinden sich aufgrund ihres inzwischen stattlichen Alters in ihrem natürlichen Zerfallsstadium, das den Straßenmeistereien erhebliche Sorgen bereitet. Darüber hinaus zeigen die immer größer werdenden Lücken, dass auch Schadstoffe, Klimawandel und Krankheiten der Allee heftig zugesetzt haben. Um das weithin einzigartige Natur- und Kulturdenkmal zu bewahren, wurde der massive Eingriff durch Menschenhand unumgänglich. Viele der alten Bäume mussten daher für eine Neubepflanzung mit einigen hundert Stieleichen weichen, wodurch sich das Gesicht der Allee für Jahrzehnte verändert hat. Bei einem Spaziergang kann man jedoch noch immer auf rund vierzig Baum-Omis und -Opis treffen, die als greise „Zeitzeugen“ von der einst barocken Pracht künden.

9 Hart gesottene Lipper
Das Salzufler Salzwerk

„Humor ist das Salz der Erde, und wer gut durchgesalzen ist, bleibt lange frisch", notierte einst der Schriftsteller Karel Capek. Allerdings hatte er dabei wohl nicht jene hart schuftenden lippischen Salzsieder im Sinn, denen ein Ort wie Bad Salzuflen seine Existenz und seinen Wohlstand verdankt.

Und so verbreitet die barfüßige Salzsiederfigur am Markt auch weder Heiterkeit noch Frische, sondern erinnert an die mühseligen Anfänge einer der ältesten deutschen Salzproduktionen. Vermutlich wurden die hier austretenden solehaltigen Quellen – zehn davon befinden sich im Stadtgebiet – schon vor über 1.000 Jahren zur Gewinnung von Speisesalz genutzt, indem man das Wasser in riesigen Pfannen verdampfte. Die erste schriftliche Nachricht über jene Salzstätte inmitten der weiten Wälder findet sich in einer Urkunde des Paderborner Bischofs, in der er dem Kloster Abdinghof einen Ort namens Uflon („locum salis in uflon") schenkte. Eine überaus wertvolle Gabe, da die weißen Kristalle ein begehrtes Handelsgut darstellten. Was uns heute als schlichtes Würzmittel dient, war seinerzeit unerlässlich für die Konservierung von Nahrungsmitteln sowie die Herstellung von Leder und die Glasur von Töpferwaren. Über Jahrhunderte war Salz nur schwierig zu gewinnen und daher nur für „gesalzene Preise" zu haben. Auch in Lippe sprach man vom „weißen Gold", das unscheinbaren Orten ungeahnte Reichtümer bescheren konnte. Das Zentrum des lukrativen Salzgeschäfts war der Salzhof auf dem heutigen Marktplatz von Bad Salzuflen. Hier dampften seit dem Mittelalter in zwölf Siedekotten die großen Salzpfannen, unter denen das Holz ganzer Wälder verbrannte. Gefördert durch die Grafen von Sternberg gedieh Uflen prächtig. Inzwischen von einer mächtigen Mauer umgeben, bekam Salzuflen 1488 vom Landesherrn die Stadtrechte verliehen. Da die Stadt zudem das Salzmonopol in Lippe besaß und der Handel auch über die Landesgrenzen hinaus florierte, gelangte der einst unscheinbare Ort zu beachtlichem Reichtum, der sich noch heute im Stadtbild widerspiegelt. Die kostbar verzierten Fachwerkgiebel des späten 16. und frühen 17. Jahrhunderts demonstrieren augenfällig den Erfolg als „Salzfass" Westfalens.

1766 erwarben die Grafen zur Lippe das Salzufler Salzwerk. Um die Wälder zu schonen und die Produktionskosten zu senken bedienten sie sich einer technischen Innovation. Mit großem Aufwand ließen die Landesherren ein riesiges Holzgerüst errichten, das mit Bündeln aus Schwarzdorn ausgestopft wurde, über die die Sole langsam hinabtröpfelte. Mit Hilfe dieses Gradierwerkes, das die natürliche Verdunstung durch Wind und Sonne optimal ausnutzte, konzentrierte sich die Sole von acht auf über 20 Prozent. Damit verringerten sich die Siedezeiten und Kosten beträchtlich, da man pro Monat allein über 100 Pferdefuhrwerke mit Brennholz einsparte. Zudem setzten sich an den

Erinnerung an das „Salzfass“ Westfalens.

widerstandsfähigen Zweigen Mineralien wie Eisen und Kalk ab, was wiederum der Reinheit des Salzes zuträglich war. Bereits 1769 wurden mit dem über 400 Meter langen Gradierwerk jährlich 500 Tonnen feinster Salzkristalle gewonnen. Die hart gesottenen Salzarbeiter plagen sich schon lange nicht mehr, dafür kann man seit 2007 eines jener technischen Meisterwerke der Vorindustrie auch von innen begutachten, inklusive Sole-Nebel, Sternenhimmel und sanfter Musik – so wird man gut durchgesalzen und bleibt in der Tat „lange frisch“.

10 Akrobatik ohne Zirkus
Die Adlerwarte Berlebeck

Eindrucksvoll, majestätisch, erhaben? Man muss schon ein bisschen in der Vokabelkiste kramen, bevor man das richtige Wort für das gefunden hat, was einem im Detmolder Süden geboten wird. Hier, mitten im Teutoburger Wald, befindet sich die älteste und artenreichste Greifvogelwarte Europas. Hier erlebt man hautnah, was die Wörter stolz, prächtig und würdevoll bedeuten.

Wenn sich Falke, Uhu und Geier mit gewetzten Adlern und polierten Krummschnäbeln elegant in die Höhe schrauben, dann pfeilschnell und nahezu lautlos gen Erdmittelpunkt jagen, sich nur wenige Zentimeter über den Köpfen der Zuschauer abfangen, um dann lässig auf dem Arm des Falkners zu landen, dann ist das Action und echter Nervenkitzel in einem. Und wenn der König der Lüfte selbst seine Schwingen ausbreitet und seinen Schatten über das Publikum streifen lässt, dann wird sich so mancher in die Haut eines Murmeltieres versetzen können. Selbst gestandene Herren in perfekter Outdoor-Staffage zucken merklich zusammen, wenn der Adler ihnen beim Freiflug haarscharf über den Scheitel saust. Doch bei aller gebotenen Akrobatik und Flugkunst ist diese Greifenwarte alles andere als ein Zirkus.

Eröffnet wurde die Warte zu Berlebeck im Jahr 1939 von dem Ehepaar Deppe, das das Projekt trotz massiver Rückschläge auch nach dem Zweiten Weltkrieg fortführte. Bis zur Übergabe der Anlage an die Stadt Detmold im Jahr 1971 war es dem Paar gelungen, die spektaku-

Ein Raubflieger im Tiefflug.

lären Freiflugvorführungen der Greife überregional bekannt zu machen. Sogar das Kino klopfte mehrfach an, um die kräftigen Vögel sehenswert über die Leinwand jagen zu lassen. Mit zunehmenden Besucherzahlen wuchs die Einrichtung kontinuierlich auf den heutigen Umfang mit etwa 180 Raubfliegern aus fast 40 verschiedenen Arten an. Seit 1975 steht neben der aktiven Wissensvermittlung über die Welt der Greifvögel und Falkner der Artenschutz an vorderster Stelle. Hier bemüht man sich immer wieder erfolgreich um seltenen Nachwuchs. Jüngst wurde der Bau eines Artenschutzzentrums beschlossen, in dem jährlich rund 300 verletzte Greifvögel, Schwäne, Kraniche und andere Schnabelträger aufgepäppelt werden könnten. Und wie gut es den edlen Fliegern in Lippe geht, das bewies kürzlich ein Schlangenadler-Weibchen, auch Gaukler genannt, das bereits mit dem Gründerehepaar eingezogen war. „Gauki“ wurde stolze 71 Jahre alt. Bestimmt außergewöhnlich, auf jeden Fall beeindruckend.

Die Bühne für ein Luftspektakel.

11 Waldbaden, aber richtig
Silvaticum Bad Meinberg

Dass der kleine lippische „Curort“ Meinberg sich bis ins 20. Jahrhundert zu einem eleganten „Staatsbad“ gemausert hat, liegt nicht zuletzt an dem wunderbar abwechslungsreichen Kurpark. 1767 im Stile des Spätbarock angelegt, erfuhr die Anlage immer wieder zeitgemäße Ergänzungen. Schließlich kam in den 1960er-Jahren eine ganze „Waldwelt“ hinzu.

Um 1820 erhielt der Historische Kurpark mit altem Baumbestand und Schneckenberg in etwa sein heutiges Aussehen. Ab 1928 wurde der geometrisch terrassierte Berggarten mit der aufwendigen Treppenanlage ergänzt, deren Beete den Besucher zum Seerosenteich geleiten. In den 1950er-Jahren vergrößerte man den Teich zu einen See mit zwölf Meter hoher Wasserfontäne und Seekurpark. Um auch für die bevorstehenden 1960er-Jahre gewappnet zu sein, suchten die Meinberger bald nach cleveren Ideen für eine noch größere, noch schönere, noch spektakulärere Ergänzung. Einen vortrefflichen Einfall lieferte schließlich der Landesforstmeister. Dr. Splettstößer, der Herr der hiesigen Bäume, entwarf das Konzept für eine in ganz Deutschland einzigartige Parklandschaft, in der, geordnet nach den Regionen der Erde, die unterschiedlichsten Gehölze angepflanzt werden sollten. Der Schöpfer bezeichnete seinen Entwurf nach dem lateinischen Wort „Silva“ (Wald) als „Silvaticum“ – ein 40 Hektar großer Länderwaldpark, für den 36.000 Bäume und Sträucher aus über 50 Gattungen gepflanzt wurden. In mehrjähriger Arbeit wuchsen im Tal der Werre verschiedene Landschaften mit charakteristischen Pflanzengemeinschaften heran. Inzwischen sind hier 14 Waldlandschaften aus Europa, Nordamerika und Ostasien beheimatet, die den klimatisch gemäßigten Vegetationsgürtel

Ein Lehrpfad durch 14 Waldlandschaften.

„Herzliche Grüße" aus Kurzentrum und Salvaticum.

der Erde repräsentieren. Nun gedeihen in Lippe der exotische Judasblattbaum von der japanischen Insel Hondo ebenso wie ostpreußische Winterlinden und Rotfichten aus Pommern. Die USA sind mit Sumpfzypressen und -lärchen aus Mississippi, Weihrauchzedern und Mammutbäumen aus Kalifornien sowie Riesenlebensbäumen und Sikafichten aus Oregon vertreten. Und wer hat schon einmal eine Schlangenhautkiefer gefühlt, sich über einen Perückenbaum gewundert oder über den Urwelt-Mammutbaum aus dem Himalaya gestaunt? Mit seinen fast einhundert außergewöhnlichen Baumarten entwickelt das Silvaticum eine ganz besondere Ausstrahlung.

Ein idealer Ort für ausgedehnte Spaziergänge und intensive Naturerlebnisse. Das gegenwärtig so beliebte „Waldbaden", also das Baden in der besonderen Atmosphäre eines Waldes, kann hier völlig neu erlebt werden. Wer einmal im Bad Meinberger Silvaticum gebadet hat, für den sind die meisten anderen Wälder nur noch Planschbecken.

12 Zwischen Tradition und Zukunft
Eine lippische Hansestadt

Winde wehn, Schiffe gehn, das Wasser umspielt die Mole, an den Segel- und Flaggenmasten klingeln Stahlseile im salzigen Lüftchen und das nächste Fischbrötchen ist nicht weit. So stellt man sich wohl jene Städte vor, die das große „H" der Hanse im Namen führen. Aber fernab der Küste darf das lippische Lemgo offiziell den Titel „Alte Hansestadt" tragen …

Gemeinsam ist man stärker, dass wussten auch die Händler des Mittelalters und gründeten eine Interessenvertretung, in der sich Kaufleute an fernen oder fremden Handelsplätzen vereinigten. Was zunächst als lockere Organisation begann, formierte sich ab 1356 unter der Leitung Lübecks als ein förmliches Bündnis westfälischer, sächsischer, wendischer, pommerscher und preußischer Städte. Fortan wurden die Hansestädte in die Pflicht genommen und mussten sich, bei Androhung des Ausschlusses, an die gefassten Beschlüsse halten. Da die lippischen Kaufleute die Privilegien und den Schutz, die ihnen die Hanse bot, schon frühzeitig nutzten, wurde auch Lemgo ab 1430 zu den allgemeinen hansischen Tagfahrten eingeladen und gehörte zu den „Stede van der dudischen Hanse". Doch nicht nur Sicherheit beim Fernhandel und die Vorteile bei Geschäften zwischen den über 160 Hansestädten machten die Zugehörigkeit erstrebenswert – in einer Zeit zahlreicher regionaler und innerstädtischer Konflikte half das einflussreiche Bündnis vielen Städte auch, sich gegen die eigenen Landesherren zur Wehr zu setzen. Ab dem 16. Jahrhundert wurden die großen Hansetage seltener und man traf sich regional. So hielten die Hansestädte Herford, Bielefeld und Lemgo von 1556 bis 1651 insgesamt 19 Tagungen in Schötmar ab. Ein Ort, den man wegen seiner praktischen Lage auswählte, andere meinen indes, der Schötmaraner „Krug" mit seiner guten Küche habe den Ort empfohlen. Alle drei Städte sind inzwischen wirtschaftlich sehr erfolgreich und sehen in der Teilnahme an den großen Hansetagen „nur Beschwernisse". Und auch wenn die Hanse kaum noch für Aufschwung sorgen konnte – der regionale Handel und neue Absatzmärkte waren in den Vordergrund gerückt –, blieben die meisten Städte der Hanse aus Tradition und Angst vor Isolation treu. Nach dem Dreißigjährigen Krieg sind nur noch wenige Städte dabei. 1669 findet der letzte Hansetag statt, an dem auch Lemgo nicht mehr teilnimmt. Um an die langjährige Tradition zu erinnern, verfügte Fürst Leopold VI. im Jahr 1916, dass Lemgo fortan den stolzen Titel „Alte Hansestadt" führen darf. Und 1983, rund 300 Jahre nach dem Ende des Bundes, unterzeichneten zwanzig ehemalige Hansestädte in Herford die Gründungsurkunde des „Westfälischen Hansebundes", in dem der alte hansische Gedanke der gegenseitigen Unterstützung fortgeführt werden soll. Wen wundert es also, dass 2013 fern von Nord- und Ostsee just hier die neue Wirtschaftshanse gegründet wurde. Und um ihr Bewusstsein als Hansestadt allen Bürgern und Gästen stets neu kundzutun, findet in Lemgo alljährlich auf dem Marktplatz das liebevoll hergerichtete Hansefrühstück statt. Zwar ohne Winde und Schiffe, Segel- und Flaggenmastgeklingel, aber vielleicht mit Fischbrötchen, und ganz sicher mit sehr viel Sinn für gelebte Traditionen.

Lemgo: seit 1430 stolze Hansestadt im Binnenland.

13 Entspannt mit Stern und Rose
Staatsbad Bad Meinberg

Genau 925 Jahre nach seiner ersten Erwähnung wurde dem bescheidenen Kirchdorf am Rande des Teutoburger Waldes eine besondere Ehre zuteil: Meinberg wurde per fürstlicher Order zum „Bad“ erhoben, 1933 sogar zum Lippischen Staatsbad. Es ist eines der ältesten Mineral- und Moorheilbäder Deutschlands.

Über eintausend Jahre alt und entspannt wie nur etwas, so gibt sich Bad Meinberg heute. Und vermutlich ist in dem kleinen Örtchen seit seiner ersten Erwähnung im Jahr 978, als es in den Besitz von Kloster Corvey gelangte, wohl nur wenig Aufregendes geschehen. Vielleicht kurzfristig, als es in die Hände der Herren zur Lippe überging, ansonsten dürfte es hier bei guter Luft und wohltuendem Reizklima stets gemächlich zugegangen sein. Ein wenig belebender wurde es 1676, als ein gewisser Andreas von Keil, genannt „Cunaeus“, die Erde des Meinberger Gesundbrunnens als gutes Heilmittel bei einer Erkrankung an der Ruhr empfahl. Der Mediziner, der sich bereits als Fürsprecher von verschiedenen „Westphälischen Sauren Heil-Brunnen“ einen Namen gemacht hatte, sprach nun auch den Quellen und dem Schwefelmoor von Meinberg kurierende Effekte zu und gab damit den Auftakt für ein weiteres bedeutendes Heilbad. Ein Jahrhundert später fertigte Dr. J.E. Trampel im Auftrag des lippischen Landesherren ein wissenschaftliches Gutachten über die Bestandteile und Heilkräfte an, die dort in den Schwefel- und Mineralquellen schlummern sollen. Er konnte die lindernde Wirkung bei allerlei Beschwerden nur bestätigen. Graf Simon August zur Lippe erklärte daraufhin den Gesundbrunnen 1767 in aller Form zum

Ein Bauerndorf wird „Curort“.

Der 1842 errichtete Brunnentempel.

„Curort". Schon in der ersten „Cur"-Saison wurden 413 Kurgäste begrüßt. Dr. Trampel selbst war von seinem Gutachten so überzeugt, dass er viel eigenes Kapital in die Entwicklung Meinbergs investierte. Damit begann der Aufstieg vom uralten Bauerndorf zu einem Heilbad, das allen Bedürfnissen eines zeitgenössischen Kurbetriebs entsprach. Bereits 1770 entstand der barock-üppige Kurgarten, an dessen Rändern die feinen Logierhäuser „Stern" und „Rose" den erholungsuchenden Gästen alle Annehmlichkeiten zu bieten wussten. Heute schließen sich an den ursprünglichen Garten drei weitere Parkanlagen mit über 95 Hektar Grünfläche an, die scheinbar nahtlos in die umgebende Landschaft übergehen. Und während die einen ab 1820 im Schlammbad Erquickung suchten, fanden andere eine höchst prickelnde Entspannung in der Spielbank. Allerdings wurden die Kartentische nur an den Sonntagen bespielt, Höchsteinsatz: fünf Taler. Alles in allem blieben die hiesigen Lipper gewohnt gelassen und neigten auch angesichts des erfolgreichen Erholungskonzeptes nicht dazu, etwas zu überstürzen. Immer schön entspannt bleiben lautete die Devise auch, als in der Saison 1900 erstmals eintausend Kurgäste eincheckten. So wurde aus dem netten „Curort" ein beliebtes „Bad" und aus dem „Bad" ein bedeutendes „Staatsbad", in dem heute das nach eigenen Angaben größte Yoga-Zentrum außerhalb Indiens für lippische Gelassenheit sorgt.

14 Eine brenzlige Angelegenheit
Der Osterräderlauf von Lügde

Der Rheinische Karneval und das Sternsingen am Dreikönigstag gehören ebenso dazu wie das Wassertreten nach Kneipp, das Skatspielen und die Ostfriesische Teezeremonie – all diese Traditionen wurden von der UNESCO zum Immateriellen Kulturerbe erklärt. Seit 2018 zählt auch der Osterräderlauf von Lügde dazu, eine wahrlich brenzlige Angelegenheit.

Wann die ersten Feuerräder von den Höhen ins Tal rumpelten, weiß niemand so genau. Wenn sie sich jedoch am Ostersonntag in Bewegung setzen und funkensprühend vom Lügder Osterberg hinabrollen und die Dunkelheit mit ihren feurigen Spuren durchkreuzen, dann kann sich kaum einer der Magie des Spektakels entziehen. Der Brauch mag seinen Ursprung in den Freudenfeuern haben, mit denen unsere Vorfahren einst das baldige Ende der dunklen Jahreszeit feierten. Mit dem Schein der Flammen wird die Düsternis überwunden und die hinabsausenden Räder bringen das Licht zurück auf die Erde … Einst wie heute lassen sich die Zuschauerscharen von dem archaischen Schauspiel begeistern, kaum ahnend, welch langwieriger Vorbereitung es bedarf, die 1,70 Meter hohen, etwa 280 Kilogramm schweren Eichenräder in feurigen Schwung zu versetzen. Als Bewahrer dieses Brauches engagiert sich in Lügde der Dechenverein, dessen rund 600 Mitglieder nicht nur die Vorbereitung und Organisation des Osterräderlaufes übernehmen, sondern auch für die Vermittlung dieses lippischen Kulturerbes sorgen. Denn schließlich ist der Lauf der brennenden Räder nicht nur ein faszinierendes Schauspiel, sondern auch ein Zeugnis dafür, dass man sich von der Obrigkeit längst nicht alles bieten lässt. So erging 1743 vom Generalvikar ein Verbot, da die Veranstaltung zum Schaden der Bürger „ein groeßer Scandal (Lärm) nicht nuhr sondern auch sünde veruhrsachet“. Doch die Lügder dachten gar nicht daran, ihre Osterräder ruhen zu lassen. 1781 wollte der Bischof von Paderborn sogar sämtliche Osterfeuer-Feste im Hochstift abschaffen und verbot sie bei hoher Strafe, weil dabei „allerley Ausschweifungen begangen werden“. Doch die Lipper blieben unerschrocken und brannten ihre Osterfeuer und -räder in schon seit Generationen bewährter Weise ab. Schließlich versuchten die Nationalsozialisten den Brauch für ihre Propaganda zu vereinnahmen. Ab 1933 bestimmten Hakenkreuze, Fackelzüge und militärische Aufmärsche das Lügder Osterfest, wobei über Lautsprecher das angebliche germanische Erbe dieser Tradition gepredigt wurde. Allerdings empfanden die Bürger von Lügde den neuheidnischen Räderlauf der Nazis als Missbrauch ihrer christlichen Tradition und versuchten ihn zu boykottieren. Da das nicht gelang, machte sich eine kleine Gruppe im Geheimen daran, ihre Opposition zu bekunden. Auf einem Privatgrundstück direkt an der Ablaufstelle der Räder auf dem Osterberg erbauten sie zunächst einen massi-

Wo die heißen Räder rollen: Kulturerbe und faszinierendes Schauspiel.

gen Bruchsteinsockel, auf dem sie im Juli 1935 ein zehn Meter hohes Kreuz errichteten. Auch wenn die Nazis es stets mit Hakenkreuzfahnen zu verdecken suchten, fanden die gekaperten Räderläufe fortan in Gegenwart des „Oppositionskreuzes“ statt. Dort steht es bis heute, als Symbol des passiven Widerstandes gegen das NS-Regime. Wenn sich in der „Stadt der Osterräder“ (seit 2012) die feurigen Räder drehen, dann ist das nicht nur ein Volksfest und Traditionsbewahrung, sondern auch ein Ausweis des lippischen Selbstbewusstseins.

15 „… da zogen die Lippischen Schützen“

Das Füsilier-Bataillon Lippe

Die Lippischen Schützen, die vor über 200 Jahren mit ihren blau-rot-weißen Waffenröcken Eindruck machten, sind bis heute äußerst populär. Sie kommen in humoristischen Liedern vor, es gibt sie in zahllosen Abbildungen und sogar als Schnapsflasche. Sie sind ein Symbol des lippischen Heimatbewusstseins geworden, obwohl man die Soldaten nie gefragt hat.

Zu Beginn des 19. Jahrhunderts lag Wandel in der Luft. Es ging um nichts weniger als eine Neuordnung der mitteleuropäischen Staatenwelt, an der sich auch Lippe beteiligte. Fürstin Pauline zur Lippe hatte im April 1807 verfügt, dass die Grafschaft sich dem Rheinbund anschließt. Dieser Staatenbund war eine Konföderation deutscher Staaten, die auf Initiative von Kaiser Napoleon I. eine Militärallianz mit Frankreich einging. Bereits 1808 hatte der Rheinbund seine größte Ausdehnung erreicht und umfasste vier Königreiche, fünf Großherzogtümer, dreizehn Herzogtümer und siebzehn Fürstentümer, darunter das kleine Fürstentum Lippe. Um sich aktiv an den napoleonischen Feldzügen zu beteiligen, ordnete Fürstin Pauline die Bildung des Füsilier-Bataillons Lippe in einer Gesamtstärke von 650 Mann an. Um das Kontingent zu vervollständigen – Freiwillige waren äußerst selten – wurden in den Städten und auf dem platten Lande Aushebungen befohlen. Und die Fürstin ermahnte ihre Untertanen „zum Besten des Vaterlandes und aus Liebe zu Uns und Unser Fürstliches Haus willig zu folgen.“ Und wer es wagte, sich vor dem Militärdienst zu drücken, dem sollte sämtliches Vermögen konfisziert und das Bürgerrecht genommen werden. Auch wer einem Deserteur half, hatte „nachdrückliche Geldes- und Leibstrafe zu gewärtigen.“ Gleiches traf auch jene Untertanen, welche sich ein „tumultuarisches oder widerspenstiges Betragen zu Schulden kommen lassen.“ Wer jedoch einen solchen dienstfähigen Mann zur Anzeige bringe, dem wurden 20 Reichstaler zugesichert und die Verschweigung seines Namens versprochen. Zwei Jahre später, das Bataillon hat bereits mehrere Kämpfe erlebt und ist in den Pyrenäen und Katalonien in Gefechte verwickelt, muss die Fürstin feststellen: „Zu Unserer großen und tiefen Bekümmerniß haben mehrere Soldaten Unseres Contingents (…) ihre Compagnien schändlich verlassen und sich strafbarer Desertion schuldig gemacht. Sie haben sich dadurch als verächtliche feige Menschen, als ungehorsame meyneidige Unterthanen bewiesen und des ehrenvollen Namens treue Lipper unwürdig gemacht …“ Und sollte jemand einem Deserteur helfen, der solle an seiner statt den Dienst tun. Nach der Schlacht von Waterloo war es vorbei mit dem Rheinbund und die Lippischen Schützen dienten in deutschen Bundesheeren und schließlich ab 1867 als III. (Füsilier-)Bataillon des 6. West-

Die Lippischen Schützen.

Zu Siebzig da zogen die Lippischen Schützen,
Nach Frankreich herein um das Vaterland zu schützen.
Zum truderidera, zum truderidera, zum truderidera
und die Lipper die sind da.

Sie zogen mit ihren schweren Geschützen
Und dunner wie dat hagelt, wie dat wettert, wie dat blitzet.
Zum truderidera usw.

Sie zogen fröhlich und guter Dinge,
Von Detmold nach Lage und von da nach Lippspringe.
Zum truderidera usw.

Und als sie nun kamen an das lütche lütche Horn,
Da hatten sie schon ihre Fahne verlorn.
Zum truderidera usw.

Und als sie nun kamen an das liebe Paderborn,
Bekucken sie die Lue von achtern und von vorn.
Zum truderidera usw.

Und als sie nun kamen an den freien deutschen Rhein,
Da täten die rheinischen Mädchen sich wohl freun.
Zum truderidera usw.

Sie dachten, sie wären die Steiermärker Schützen,
Von wegen die roten Striemen an die Büxen.
Zum truderidera usw.

Und als sie nun kamen nach Frankreich herein,
Da täten die Franzosen mächtig wohl schrein.
Zum truderidera usw.

Das lippische Heimatbewusstsein als Postkarte.

fälischen Infanterie-Regimentes Nr. 55 in der preußischen Armee. Und in ihrem Gefolge zogen die Lippischen Schützen 1870/71 in den deutsch-französischen Krieg, worüber man später im Volkslied dichtete:

Um siebzig, da zogen die Lippischen Schützen,
nach Frankreich herein, um das Vaterland zu schützen,
Zum truderidera, zum truderidera,
zum truderidera, und die Lipper die sind da
…

16 Die Pülleken vom Teuto
Privatbrauerei Strate

Mit einem satten Plopp trotzt eine kleine Brauerei den Giganten der Branche und kann sich tatsächlich auf dem hart umkämpften Bier-Markt erfolgreich behaupten. Ihr Geheimnis? Hohe Qualität und moderne Ideen, gelebte Tradition und echte Frauenpower.

Wie in vielen Orten war es um die Mitte des 19. Jahrhunderts auch in Detmold Usus, sein eigenes Bier zu brauen. Aus einer Liste ging hervor, wer wann an der Reihe war, das städtische Brauhaus zu nutzen. Da allerdings der Kenntnisstand recht ungleich war, fiel auch die Güte des Gerstensaftes sehr unterschiedlich aus. Das Bier von Adolf Hüppe jedoch galt vielen als vortrefflich und ungemein süffig. So reifte die Idee von einer eigenen Brauerei heran, die er 1853 an der Krummen Straße in die Tat umsetzte. Aufgrund der baulichen Enge zog das Unternehmen nur zehn Jahre später vor die Tore der Stadt. An der Palaisstraße ließ Hüppe einen großen Bierkeller ausheben und auf den entstandenen Schuttbergen ein wunderschönes Fabrikgebäude im neugotischen Stil errichten. Inzwischen steht das rote Backsteingebäude, in dem die Familie das Braugeschäft in fünfter Generation fortführt, unter Denkmalschutz. Auf einer der beliebten Brauereibesichtigungen darf das „Bierschloss" in Augenschein genommen werden.

Der moderne Knaller für die Erfolgsgeschichte lippischen Bieres kam Anfang der 1980er-Jahre mit einem deftigen Plopp daher, der würzige Spritzigkeit versprach. Die Idee, eine neue Hopfenkreation mittels nostalgischem Bügelverschluss und Porzellanzapfen in der Flasche zu verwahren, kam auch bei der jüngeren Generation prima an. Besonders seit Renate Strate mit ihren beiden Töchtern das Unternehmen leitet, sorgen originelle Einfälle rund ums Bier für Aufmerksamkeit, die den drei Chefinnen sogar den Titel „Unternehmerinnen des Jahres" einbrachten. Und es hätte sich wohl kein männlicher Bierchef getraut, zum Jubiläum der „Hermannsschlacht" ein feinherbes „Tussi"-Bier auf den Markt zu bringen, das nicht den großen Helden, sondern Thusnelda, die starke Frau an seiner Seite, ehrt. Es heißt, das Bier des Jahres 2013 soll auch Bundeskanzlerin Angela

Anlieferung der neuen Sudpfannen im Jahr 1964.

Nach der Kesselexplosion am 15. Juni 1886 halten die Ersten bereits wieder ein Glas Bier in der Hand.

Merkel sehr gemundet haben. Und dass das Thusnelda-Gebräu mit Fruchtaromen und blumigem Duft unglaublich gut mit gegrilltem Fisch harmoniert, ist nicht das Einzige, worüber man in der „Stratosphäre" staunen darf. Der Besucherbereich der Brauerei ist so etwas wie der Bierhimmel auf Erden. Hier kann jeder eine ganze Menge rund ums Bier erfahren – denn in den kleinen Plopp-Pülleken vom Teuto steckt eindeutig mehr drin, als man glaubt.

17 Geheimtipp der Impressionisten
Malerstadt Schwalenberg

Ein Sommermorgen in den 1920er-Jahren. Durch die verwinkelten Gassen von Schwalenberg zieht eine bunte Truppe junger Leute der Natur entgegen. Mit Stiften und Pinseln in der Tasche, Skizzenblöcke unterm Arm, machen sie sich auf, das Spiel des Lichts einzufangen. Später wird man sich wiedersehen, um sich bei Wein und Bier über die Eindrücke auszutauschen …

„En plein air" hieß das Zauberwort, mit dem französische Künstler um 1840 damit begannen, den akademischen Kunstbegriff umzukrempeln. Fort von den Metropolen, raus aus den Ateliers! Die Staffelei geschultert und hinein in die Natur, um unter freiem Himmel die Landschaft und das einfache Leben einzufangen. Überall in Europa folgen Künstlerinnen und Künstler dem französischen Vorbild. Sie gehen für eine Zeit aufs Land, um neue Seherfahrungen zu machen und ihre unverfälschten Eindrücke mit Pinselstrichen zu bannen. Immer häufiger lassen sie die Kunstzentren wie München, Düsseldorf oder Berlin hinter sich und finden in bis dahin gänzlich unbekannten Ortschaften ihre Inspiration. Die Anhänger der Freilichtmalerei zieht es nach Dachau, Worpswede, Ahrenshoop und ins lippische Schwalenberg, wo vor allem in den Sommermonaten eine Maleridylle erblüht.

Mit seinen verwinkelten Gassen, den urigen Fachwerkhäusern und der beschaulichen Burg vor den Toren, wird Schwalenberg bereits um 1850 von Künstlern aus dem Raum Düsseldorf entdeckt. Sie kommen zur Sommerfrische und lassen sich von der hügeligen Landschaft mit ihren spezifischen Farbeffekten beseelen. Sie schwärmen von den außergewöhnlichen Lichtverhältnissen und locken damit Kollegen aus ganz Deutschland. Schwalenberg wird zu einem Geheimtipp der Impressionisten, die sich für Monate in der Stille und Abgeschiedenheit einquartieren. Nach der Jahrhundertwende wird das kleine Städtchen mit seinem markanten Rathaus selbst in den fernen Großstädten so populär, dass man es bald als „Malerstadt" und „Künstlerkolonie" bezeichnet, die ihre Blütezeit von 1919 bis 1933 erlebt. Bevor der Zweite Weltkrieg dem kreativen Treiben ein Ende setzte, kamen die Kunstschaffenden allein oder in kleinen Arbeitsgemeinschaften, um hier ihre Studien durchzuführen. Führende Impressionisten wie Hans Licht betrieben hier sogar Malschulen, deren zahlreiche Schülerinnen und Schüler die engen Gassen belebten. Und am Abend traf man sich zu Bier und Austausch im Gasthof „Berggarten", im „Malkasten" oder im „Gasthof Meyer", den man bald in „Künstlerklause" umbenannte.

Heute wird die Tradition der „Malerstadt" Schwalenberg mit regelmäßigen Ausstellungen, Events und Stipendien fortgeführt. Besonders bei der alljähr-

Garantieren Kreativität: verwinkelte Gassen und uriges Fachwerk.

lichen Sommerakademie für Bildende Kunst wird der Schöpfergeist der einstigen Künstlerkolonie wieder höchst lebendig. Dann sieht man sie wieder, jene bunten Truppen, die sich aufmachen, das lippische Licht- und Farbenspiel einzufangen. Später sieht man sich wieder, wahrscheinlich im „Malkasten".

18 Von Abort-Erkern zu Biogas
Schloss Wendlinghausen

Nahe Dörentrup wusste man zeitgemäße Inspirationen schon immer zu schätzen. Einst die architektonische Eleganz mit malerischem Treppenturm und gleich mehreren, über dem Wasser hängenden Abort-Erkern, heute mit Gartenkunst, Natur- und Klimaschutz, ergänzt durch hochkarätige Kulturevents.

Das eindrucksvolle Herrenhaus, das sich bis heute so elegant in den Fluten einer breiten Gräfte spiegelt, wurde von 1613 bis 1616 im Auftrag Hilmars d.J. von Münchhausen errichtet. Baumeister war wohl Eberhard Wilkening, ein bedeutender Architekt der Weserrenaissance, der u.a. mit Schloss Hämelschenburg oder dem Rattenfängerhaus in Hameln hervorgetreten war. Auch in Wendlinghausen bestimmen Zwerchhäuser, Utlucht und ein das Dach überragender Treppenturm die frontale Ansicht, während die Kehrseite mit den erwähnten Sanitär-Erkern punktet, die geradezu dekorativ angebracht wurden. Jenseits der breiten Gräfte erstreckt sich über drei Hektar der herrliche Schlosspark, der das Anwesen zu einem Traumziel für Gartenfreunde macht. Die ursprünglich im englischen Stil angelegte Gartenlandschaft gilt mit ihrer vielfältigen Botanik, seltensten Pflanzen und beeindruckenden Solitärbäumen als ökologisch außergewöhnlich. Nicht umsonst pries das European Garden Heritage Network (EGHN) den Wendlinghausener Schlosspark als eine der bedeutendsten Gartenlandschaften der Region Ostwestfalen-Lippe. Heute bieten spektakuläre Schlossfeste, hochklassige Konzerte und zeitgenössische Kunstausstellungen zahlreiche Gelegenheiten, sich der prächtigen Kombination aus Architektur und Natur zu nähern, den spannenden Kontrast zwischen Tradition und Moderne zu erleben. Und so modern auf Schloss Wendlinghausen das reichhaltige Kulturprogramm präsentiert wird, so fortschrittlich zeigt man sich auch bei der Bewirtschaftung des Gutes. Nachhaltige Land- und Forstwirtschaft, Energie aus Biogas, Photovoltaik und hundertprozentige Wärmenutzung sind hier schon seit Jahrzehnten bekannte Begriffe. Der jüngste Clou – und ein internationales Pilotprojekt – wird gerade umgesetzt: das Energiedorf. „Am Schlosspark", so die noble Adresse, entstehen zwanzig neue Einfamilienhäuser, ressourcensparend und umweltschonend. Und ja, das vierhundert Jahre alte Schlossgebäude ist ein energietechnisches Fass ohne Boden, aber an einer effektiven Isolierung wird bereits gearbeitet. Man stelle sich vor, man hätte vor rund 250 Jahren von diesen Dingen erzählt. Damals, als man sich auf Wendlinghausen im erlauchten Kreise um den knisternden Kamin scharte, um nach dem vorzüglichen Essen dem Neffen des Hausherrn, Hieronymus Carl Friedrich von Münchhausen, zu lauschen, der vielleicht von seinem Ritt auf einer Kanonenkugel erzählte … Wer wäre da wohl als Lügenbaron beschimpft worden? Warmes Wasser aus Viehdung? Wo gibt's denn so was?

Klassiker der Weserrenaissance: Treppenturm mit welscher Haube.

19 Malen, forschen, reformieren
Graf Simon zur Lippe VI. (1554–1613)

Er war eine der bemerkenswertesten Persönlichkeiten des lippischen Grafenhauses. Hineingeboren in eine Zeit, in der allerorten die starren Strukturen des Mittelalters infrage gestellt wurden und sich in Wissenschaft, Kunst und Religion tiefgreifender Wandel ankündigte, erwies sich Simon VI. als ausgesprochen aufgeschlossener Regent.

Voraussetzung für Simons Wirken in Lippe und weit darüber hinaus war seine gründliche Ausbildung, die er von namhaften Privatlehrern, an der „Hohen Schule" zu Straßburg und an den Höfen befreundeter Adelshäuser erhielt. Auf den Reichstagen erwarb er sich dann die Gunst Kaiser Rudolfs II., dem er als Reichshofrat und Kammerherr diente. In dieser Funktion übernahm er immer wieder heikle Missionen, um als Sonderbeauftragter des Kaisers Erbstreitigkeiten zu schlichten oder als kenntnisreicher „Agent" Gemälde einzukaufen. Auch als Befehlshaber des niederländisch-westfälischen Kreises machte sich Simon als geschickter Diplomat einen Namen. Durch seine Erziehung entwickelte er zudem eine ausgesprochene Nähe zur reformierten Theologie und wurde zu einem intensiven Förderer der kirchlichen Erneuerung. Nach dem Grundsatz „Brot bleibt Brot und Wein bleibt Wein" sorgte er schließlich 1605 für die Einführung des reformierten Bekenntnisses in Lippe – ein Vorgang, der fortan das Leben in Kirche und Staat bestimmen sollte und in seinen Auswirkungen bis heute erlebbar ist. Dass seine Entscheidung durchaus umstritten war und beinahe zu einem Bürgerkrieg geführt hätte, sei hier nur am Rande erwähnt.

Neben der Reichspolitik und der Reformtheologie legte der vielseitig interessierte Landesherr eine ausgeprägte Leidenschaft für Naturwissenschaften, Musik und Malerei an den Tag. Den äußeren Rahmen für seinen „modernen" Lebensstil bot ihm das Schloss Brake, das unter seiner Lenkung in den Formen der Weserrenaissance umgebaut wurde und eine Glanzzeit erlebte. Hier fanden opu-

Aufgeschlossen und modern: Landesherr Simon VI.

Schloss Brake: ein Juwel der Weserrenaissance.

lente Reiterspiele und große Feste statt, zu denen Vertreter der bedeutendsten Adelshäuser anreisten. Künstler und Gelehrte gingen ein und aus. Simon selber ließ sich im Orgelspiel und der Malkunst unterweisen. Und so griff der vielbeschäftigte Landesherr in seltenen Mußestunden zur Farbpalette und fertigte großformatige Gemälde, die ihm zweifelsohne ein gewisses Talent bekunden. Sein vielseitiges Interesse zeigt auch die Bibliothek, die er im Schlossturm anlegte und die bei seinem Tod etwa 3.000 Bände aus nahezu allen Wissensgebieten seiner Epoche enthielt. Mit ihren zahlreichen bibliophilen Kostbarkeiten bildete sie später den Grundstock für die Lippische Landesbibliothek in Detmold. Und so darf man sich den lippischen Landesherrn vorstellen, wie er nach einem langen Tag voll verdrießlicher Amtsgeschäfte mit gewaltigen Folianten und feinen Fibeln hantiert, vielleicht an einem Bild werkelt oder den Turm seines Schlosses besteigt, um in der Höhe mit allerlei astronomischem Gerät den Lauf der Sterne zu beobachten. Gut möglich, dass er später noch ein kurzes Gespräch mit dem Alchimisten fuhrt, der im Schlosskeller experimentiert haben soll …

20 Gestochen genau
Die Welt des Johannes Gigas (1582–1637)

Wegfindung funktioniert heute digital. Vorbei sind die Zeiten, als Reiserouten in kiloschweren Autoatlanten ausgekundschaftet wurden und Beifahrer an patent gefalteten Straßenplänen verzweifelten. Einen bedeutenden Meilenstein in der Darstellung westfälischer Wege und Ziele schuf der in Lippe geborene Johannes Gigas bereits vor 400 Jahren.

Ein Knopfdruck, dann zwei-, dreimal geklickt, und schon breitet sich unsere Erde in ihren schönsten Farben und in bestechender Genauigkeit vor uns aus. Ganz mühelos machen wir uns ein Bild von unserer Umgebung, erkennen Berge, Grenzen, Meeressäume, können bequem exotischen Flussläufen folgen und uns in den Straßen der Megametropolen verlieren. Um 1600 hatten nur sehr wenige Menschen eine konkrete Idee von dem, was sich hinter dem Horizont verbarg und wie es sich in Relation zueinander verhielt. Rund ein Jahrhundert, nachdem sich Kolumbus arg verschätzt hatte, besaßen lediglich reisende Kaufleute, verwegene Seefahrer oder Wandergesellen eine genaueres Bild von jenen Gegenden, die mehr als zwei, drei Tagesreisen jenseits des heimischen Kirchturms lagen. Von der Beschaffenheit und Gestalt ihrer Heimat zwischen Rhein und Weser hatten die Bewohner allenfalls eine vage Vorstellung. Das sollte sich ändern, als Johannes Gigas ab 1616 in rascher Abfolge Landkarten einzelner westfälischer Territorien (Münster, Paderborn, Corvey) herausbrachte. Gigas hatte eine neue Methode der Landesvermessung entwickelt, mit der er als erster Kartograf maßstabsgetreue Karten fertigte. Die Darstellungen seiner sehr feinen, teils künstlerisch aufgemachten Druckwerke vermittelten erstmals einen verbindlichen Eindruck von der Position der einzelnen Dörfer und Städte, ihren Entfernungen zueinander, dem Verlauf der Flüsse sowie der Lage von Hügeln, Bergen und Ackerland.

Der erste westfälische Kartograf kam 1582 als Sohn des Pfarrer Riese im lippischen Lügde zur Welt. Ab 1597 studierte er in Helmstedt und Wittenberg Medizin und Mathematik. Bereits 1603 verlieh man ihm in Basel den Doktortitel in Medizin, dann lehrte er ab 1607 als erster Professor für Mathematik, Medizin und Astronomie an der Hohen Schule zu Burgsteinfurt. In jenen Tagen entwickelte er seine Vermessungstechnik per Quadranten, mit deren hoher Genauigkeit er unter anderem den Erdumfang mit einer Abweichung von lediglich 1.300 Kilometern berechnete. 1615 übersiedelte Gigas nach Münster, wo er sich als Leibarzt in den Dienst des Fürstbischofs stellte. Neben seinen Pflichten als Mediziner befasste er sich weiterhin intensiv mit der Geografie und veröffent-

Das Hochstift Paderborn und ein Teil von Lippe auf einer Gigas-Karte (ca. 1620/35).

lichte die genannten Schaukarten der Region. 1620 erschien mit „Prodromus Geographicus“ sein kartografisches Hauptwerk. Die großformatige, auch als „Kölner Atlas“ bezeichnete Arbeit „Neue Beschreibung des Erzbistums Köln und seiner angrenzenden Gebiete“ mit sieben Karten (1:250.000) samt Erläuterungen und Stadtansichten war eine Sensation. Der gebürtige Lipper hatte nicht nur den ersten Atlas Nordrhein-Westfalens vorgelegt, sondern auch den genauesten und informativsten Atlas seiner Zeit. Über ein Jahrhundert lang wurden diese Karten erfolgreich nachgestochen und kopiert. Seine Absicht jedoch, mit einer Vielzahl solcher Blätter einmal einen ähnlich detaillierten Atlas der ganzen Welt zu erschaffen, verwarf er schließlich als utopisch – zu unruhig die Zeiten, das Projekt für einen alleine zu groß. Johannes Gigas legte Stechzirkel und Messstab beiseite und blieb fürderhin bei seiner ärztlichen Praxis, bis er 1637 zu Münster verstarb.

21 Einmal Japan und zurück

Die Reise des Engelbert Kaempfer (1651–1716)

Seine Kindheit und Jugend waren geprägt von den verheerenden Auswirkungen des Dreißigjährigen Krieges und den brennenden Scheiterhaufen der Hexenverfolgung. Gleichwohl wuchs in Lemgo einer der interessantesten Gelehrten des ausgehenden 17. Jahrhunderts heran, dessen Schriften von Voltaire, Lessing und Goethe hoch geschätzt wurden.

Die aufregende Lebensgeschichte von Engelbert Kaempfer begann mit seiner Geburt 1651 als zweiter Sohn des Lemgoer Pastors Kemper. 1667, als der berüchtigte Bürgermeister Cothmann in Lemgo eine finale Hexenjagd entfachte, der auch zwei Onkel Engelberts zum Opfer fielen, schickte man ihn zu Verwandten nach Hameln und Lüneburg, wo er seine Schulausbildung fortsetzte. Über die Gymnasien in Lübeck und Danzig gelangte er an die Universitäten von Thorn, Krakau und Königsberg, wo er Sprachen und Philosophie, Naturkunde und Medizin studierte. An der Akademie im schwedischen Uppsala, er hatte inzwischen seinen Namen geändert, bot sich ihm die Chance seines Lebens: Als Arzt und Naturwissenschaftler durfte er eine schwedische Gesandtschaft an den russischen und persischen Hof begleiten. Im März 1683 ging es los. Die einjährige Reise führte über Helsinki, Moskau und Baku über das Kaspische Meer bis in den heutigen Iran. Unterwegs notierte Kaempfer seine Erlebnisse, skizzierte Gesehenes und sammelte Informationen über Geografie, Wirtschaft und Geschichte. Schließlich erreichte er Isfahan, die legendäre persische Hauptstadt der Handwerker und Künstler. Seinen Aufenthalt nutzte der Weltenbummler dazu, seine Sprachkenntnisse zu erweitern sowie ausführliche Beschreibungen von Stadt und Staat anzufertigen. Schließlich trug er seine Dienste der Niederländischen Ostindien-Kompanie am Persischen Golf an. Auf dem Weg dahin stattete er den Ruinen von Persepolis einen Besuch ab, wo er für die noch unentschlüsselten Zeichen auf kleinen Täfelchen den Namen Keilschrift erfand. Zweieinhalb höchst strapaziöse Jahre blieb er in der holländischen Handelssta-

Der lippische Reisende hoch zu Ross.

Die Karawane auf dem Weg von Nagasaki nach Kokura.

tion, wo er ebenfalls Wissenswertes über Volks- und Naturkunde protokollierte. Ende Juni 1688 ging er als Schiffsarzt an Bord eines holländischen Seglers, der ihn über Maskat (Oman) und Ceylon (Sri Lanka) nach Batavia (Jarkata), der Verwaltungszentrale der Kompanie, brachte. Hier reifte sein Plan, auch Japan zu erforschen, das sich seit den 1630er-Jahren von der Außenwelt abgeschottet hatte. Nach einem Besuch beim König von Siam erreichte Kaempfer im September 1690 eine kleine Insel vor Nagasaki, von wo aus er zwei Mal den Hof des Shoguns in Edo (Tokio) besuchen durfte. Auf den jeweils mehrmonatigen Reisen vermaß er in aller Heimlichkeit die über 1.000 Kilometer lange Route und notierte als erster Europäer japanische Ortschaften, Berge und Flüsse. Bei einer Huldigungsaudienz vor dem Shogun durfte der weit gereiste Lipper medizinische Fragen erörtern und mit „ordentlichen Affenpossen" Tanz- und Gesangseinlagen aus seiner Heimat darbieten. Nach zehnjähriger Abwesenheit betrat er im Oktober 1693 wieder europäischen Boden, bepackt mit Karten und Büchern, naturkundlichen Sammlungen, Raritäten und Tagebüchern. Zum Doktor promoviert kehrte er heim nach Lemgo, wo er 1698 als Leibarzt in den Dienst des Lippischen Landesherrn trat. Auch wenn ihm zu Lebzeiten nur die Veröffentlichung „Amoenitates Exoticae" (etwa: Merkwürdigkeiten des Orients, 1712) gelang, gelten seine umfangreichen Aufzeichnungen als wichtige Beiträge zur frühen Erforschung Asiens, die die europäische Sichtweise auf den Fernen Osten bis ins 19. Jahrhundert prägen sollte. Der bedeutendste Asienreisende seiner Zeit starb 1716 im Alter von 65 Jahren. Seine letzte Ruhestätte fand er in der Nicolaikirche zu Lemgo.

22 Der Detmolder Sonnenkönig
Friedrich Adolf zur Lippe-Detmold (1667–1718)

1697 übernahm der dreißigjährige Friedrich Adolf das lippische Grafenamt und brach mit vielen Traditionen. So verbat er sich fortan jegliche Art von Mitbestimmung, um als alleiniger Herrscher zu regieren und die Stadt in seinem Sinne einmal ordentlich aufzupolieren.

Gegen Ende des 17. Jahrhunderts hatte sich Detmold ein wenig von den schweren Verlusten durch den Dreißigjährigen Krieg erholt. Es war ein aufstrebendes, bescheidenes Landstädtchen, in dessen mittelalterlichen Stadtmauern die Landesherren in einem feinen Schloss residierten, während sich die meisten Bürger in kleinen, unregelmäßigen Fachwerkhäuschen einrichteten. Dann kam Friedrich Adolf, der auf seiner dreijährigen Kavalierstour durch Frankreich, die Niederlande und Italien in den Palästen erlauchter Herrscher erlebt hatte, was es hieß, ungehemmt zu herrschen, pompös zu leben und sich im Scheine der Macht zu sonnen.

Sein Vorbild war natürlich kein Geringerer als der Sonnenkönig Ludwig XIV., dessen Sommerschloss in Versailles der Grafenspross einst in Augenschein nehmen durfte. Gemeinsam mit Amalie, seiner zweiten Ehefrau, entwarf er hochtrabende Pläne, um im Tal der Berlebecke ein lippisches Versailles zu errichten, das sie Friedrichstal nannten. Die Bauarbeiten begannen Anfang 1701. Vor den Toren der Stadt entstand ein aufwendiger Barockgarten mit Terrassen, Teichen und Wasserspielen, dazu kamen eine künstliche Insel, eine Grotte aus polierten Muscheln, Eiskeller, Bethaus und prächtig bestückte Orangerien, in denen seltene Pflanzen gediehen. Ein wunderbarer Ort, um illustre Gästescharen mit Maskeraden, Konzerten und „Lustschießereien" zu beeindrucken. Das Nonplusultra der barocken Gestaltungsekstase war ein zwei Kilometer langer künstlicher Wasserweg, der das geplante Lustschloss mit der Residenz in der Altstadt verband. Bis 1704 war der acht Meter breite Kanal mit drei Schleusen und zwei Zugbrücken unter holländischer Regie ausgehoben worden, wozu der prachtliebende, aber notorisch verschuldete Landesherr Bauern, Knechte und die Soldaten seiner kleinen Garnison heranzog. Regelmäßig ließ sich die gräfliche Vergnügungsclique fortan auf einer kleinen Flottille durch die Gegend schippern. Um dem Bootsvergnügen neben der begleitenden Allee aus Linden und Walnussbäumen eine repräsentative Kulisse zu geben, hatte Friedrich Adolf zudem eine Erweiterung der Stadt befohlen. Mit Privilegien lockte er Bauherren an den Kanal, die nach einem einheitlichen Grundriss längs des Wassers vorzügliche Wohnhäuser erbauten (1708–1720). Obendrein, und ohne den mahnenden Eingaben bezüglich der finanziellen Lage Beachtung zu schenken,

Das „Neue Palais" des lippischen Sonnenkönigs.

gönnte sich das Glamourpärchen direkt am Kanal das exquisite „Neue Palais". Dass sich der „Detmolder Sonnenkönig" womöglich übernommen hatte, ließ auch Zar Peter der Große durchscheinen, als er dem Grafen nach einem opulenten Mahl in Pyrmont mit auf den Weg gab: „Euer Liebden, Ihr seid zu groß für Euer Land." Im Jahr 1747, als Enkel Graf Simon August (1727–1782) die Regierung übernahm, stand Lippe kurz vor dem Bankrott. Doch der neue Landesherr riss das Ruder gerade noch herum, indem er für den Segen von Arbeit und Sparsamkeit warb. Damit traf er bei seinen Untertanen auf die vollste Zustimmung, denen allerdings seither ein Hang zu ausgeprägter monetärer Zugeknöpftheit nachgesagt wird.

23 Der Forellenmacher
Stephan Ludwig Jacobi (1711–1784)

Hoch im Norden Lippes, dort wo sich kleine Bächlein durch das Bergland winden, um dann als Kalle in der Weser zu münden, kann es mitunter ziemlich einsam sein. Die Gemeinde Kalletal steht daher hoch im Kurs, wenn es um beschauliche Erholung geht – und um ein lippisches Allround-Genie, dem hier vor über 250 Jahren eine bemerkenswerte Idee kam.

Ein Blick auf das Wappen von Kalletal lässt richtig vermuten, dass es sich hier mitten im Lippischen Bergland um Fische dreht. Dies begann genau 1711, als dem Bauern Jacobi bei Hohenhausen das achte Kind geboren wurde. Der kleine Stephan Ludwig muss ein cleveres Wesen an den Tag gelegt haben, da seine Mutter schon früh dafür sorgte, dass ihn Pastor und Küster unterrichteten. Und ihr Zutrauen sollte sich bestätigen, zumal der Bursche sogar die höheren Schulen in Lemgo und Detmold besuchen durfte. Schon damals soll Jacobi den Entschluss gefasst haben, dereinst seinen Broterwerb mit Mathematik, Physik und Mechanik zu bestreiten. Und so begann er 1734 in Marburg das Studium der Mathematik und Naturwissenschaften. Zur Sicherheit belegte er zudem Jura und Philosophie. Nach vier Jahren kehrte er in die Einsamkeit des Kalletals zurück, wo er schließlich den elterlichen Hof übernahm und nur noch selten verließ. In der Abgeschiedenheit machte sich Jacobi fortan als pfiffiger Tüftler und geschickter Bastler einen

1878 erklärt das „Hottinger Volksblatt" Jacobis Fischzucht.

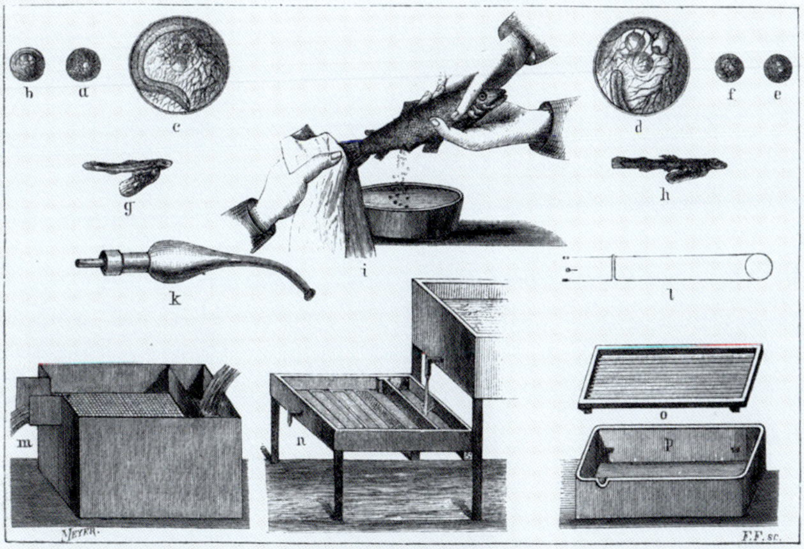

Die künstliche Fischzucht.

Für das »Volksblatt« auf Holz gezeichnet von J. Meyer, in Holz geschnitten von F. Falkenstein.

Tafel I.

a Lachsei am Anfang der Entwicklung (natürl. Größe). — b Lachsei, ungefähr 7 Wochen alt. — c und d Lachseier, ungefähr 7 Wochen alt (vergrößert). — e Forellenei am Anfang der Entwicklung (natürl. Größe). — f Forellenei, ungefähr 7 Wochen alt (natürl. Größe). — g Forelle nach dem Ausschlüpfen aus dem Ei (natürl. Größe). — h Forelle, ungefähr 3 Wochen alt (natürl. Größe). — i Darstellung der künstlichen Befruchtung von Forelleneiern. — k Pipette (Heber) zum Herausnehmen von Fischchen, Eiern, Unreinigkeiten u. s. w. — l Zängchen zum Auslesen der verdorbenen Eier. — m Californischer Apparat zum Ausbrüten der Eier. — n Tischapparat zum Ausbrüten von Eiern, mit Glasrosten, ein Rost mit Eiern belegt. — o Glasrost. — p Brutkachel.

Namen, weshalb ihn auch der lippische Landesherr immer wieder beauftragte, wenn es schwierige technische Probleme zu meistern galt. Unter anderem entwickelte er zahllose praktische Verbesserungen an diversen Mühlen, sorgte für die Wasserregulierung von Werre und Bega und plante die Brunnenanlage der Meinberger Heilquelle. Doch Jacobi teilte das Los vieler genialer Köpfe: Häufig war er seiner Zeit voraus. Seine Mitmenschen wollten oder konnten seine Ideen einfach nicht verstehen. Außerdem war er ziemlich geschäftsuntüchtig und ließ sich gutgläubig mit ehrenvollen, aber unrentablen Titeln abspeisen. Aus reinem Geldmangel blieben daher viele seiner Ideen in der Schublade. Also widmete er sich beharrlich seiner kleinen Landwirtschaft und betrieb Selbststudium. Und so gelang ihm im Jahr 1763, nach langen Jahren der Beobachtung und vielen Versuchen, erstmals die künstliche Vermehrung von Forellen. Kern seiner Erfindung war ein hölzerner „Bruttrog", in den er Fischeier und -samen gab, die in einer simulierten Flussströmung gediehen und später in Teichen zu stattlichen Flossenträgern heranwuchsen. 1768 veröffentlichte er seine erfolgreiche Methode in den „Lippischen Intelligenzblättern" – und wurde vergessen. Fast einhundert Jahre blieben Mann und Methode unbeachtet, bis man den „Forellenmacher" im 19. Jahrhundert wiederentdeckte. Der „alte Jacobi" hatte die erste nachgewiesene künstliche Befruchtung bei Wirbeltieren durchgeführt und damit einen wertvollen Beitrag zu Wissenschaft und Fischereiwirtschaft geleistet. Und damit der Begründer der Fischzucht nicht erneut in Vergessenheit gerät, führt Kalletal eine Forelle im Schilde.

◀ Ein Denkmal für den „alten Jacobi".

24 Aufklärer, Gelehrter, Staatsmann
Christian Wilhelm von Dohm (1751–1820)

Der Lemgoer Pastorensohn war noch keine sieben Jahre alt, als er Vollwaise wurde, und wuchs deshalb bei Verwandten auf. So kam es, dass er seine Kindheit und Jugend in verschiedenen Pfarrer- und Lehrerfamilien verbrachte, wo er sich quer durch die Privatbibliotheken las und sich zu einem der klügsten Köpfe seiner Zeit bildete.

Tatsächlich war der Spross des Predigers von der Marienkirche unermüdlich, und seinen Lebensweg zu verfolgen, kann atemlos machen. Zunächst studierte er in Leipzig Theologie und Philosophie, wechselte dann nach Göttingen und Kassel, wo er sich der Juristerei widmete. Ganz nebenbei verfasste er verschiedene geografische Werke und war Mitherausgeber von Zeitschriften und Journalen. Dohm fühlte sich ganz dem aufgeklärten Absolutismus verpflichtet und entwickelte aus diesem Denken ab 1774 ein viel diskutiertes Konzept zur Einbeziehung der jüdischen Bevölkerung in Politik und Gesellschaft. Sein 1781 erschienenes Werk „Über die bürgerliche Verbesserung der Juden" machte ihn europaweit zum bekanntesten Verfechter und Förderer der Judenemanzipation. Seine Idee: Die den Juden seinerzeit zugeschriebenen Eigenschaften entstünden lediglich durch die sie betreffenden Gesetze und Verordnungen. Gäbe man ihnen jedoch gleichgestellte Bürgerrechte und befreie sie aus der Diskriminierung, dann würden sie zu wertvollen Staatsbürgern. Seinerzeit eine gewagte These, die jedoch einen Meilenstein für die jüdische Emanzipation bedeutete. 1776 übernahm er 25-jährig in Kassel eine Professur für Finanzwissenschaften, die ihn bald für höhere Aufgaben qualifizierte. Sein weiterer Weg führte ab 1779 in den preußischen Staatsdienst, wo er als Archivar, Geheimer Kriegsrat, Staatssekretär, Gesandter und bevollmächtigter Minister eine steile Karriere machte und in den Adelsstand erhoben wurde. Bliebe noch zu erwähnen, dass der gebürtige Lipper den Freimaurern, einer literarischen Gesellschaft und der aufklärerischen Mittwochsgesellschaft angehörte und als königlich-westphälischer Staatsrat und Gesandter unterwegs war, in Goslar eine Schule gründete, Ehrenbürger von Bremen wurde und selbstverständlich mit allen bedeutenden Persönlichkeiten seiner Zeit Umgang pflegte. Ein wahrlich atemloses Leben. Erst ab 1810 wurde Dohms Leben ein wenig ruhiger, als er sich als Privatier zurückzog, um förderhin seiner Passion als Historiker und Schriftsteller zu frönen.

Der scharfsinnige Alleskönner aus Lippe. ►

25 Lippes toughe Lady
Fürstin Pauline (1769–1820)

Lippes bekannteste Pauline war alles andere als ein typisches „Frauenzimmer". Um 1800, in einer ausschließlich von Männern dominierten Gesellschaft, schrieb diese Pauline Geschichte. Gebildet, modern und selbstsicher wusste die alleinerziehende Mutter in der Führungsrolle zu überzeugen: Pauline Christine Wilhelmine Fürstin zur Lippe-Detmold.

Die im antikisierenden Stil à la mode gekleidete Dame, die uns aus allerlei Bildnissen liebreizend entgegenlächelt, hatte es, um es schnörkellos auszudrücken, faustdick hinter den Ohren. Die spätere Herrscherin über Lippe kam in Ballenstedt am Harz zur Welt, als Tochter des Fürsten von Sachsen-Bernburg. Schon früh erkannte Papa, dass seine Prinzessin äußerst aufgeweckt war, und übernahm daher persönlich die Erziehung. So wurde Pauline nicht nur in Latein, Französisch und Geschichte unterrichtet, sondern auch in Staatstheorie. Auch Reiten und Schießen standen auf dem Stundenplan der Fürstentochter, die sich zudem mit Philosophie und Juristerei auseinandersetzte und sich mit den Gedanken der Aufklärer befasste. Schon als Jugendliche durfte sie ihrem Vater die Korrespondenz führen, Gutachten anfertigen und Gesetzestexte formulieren.

Vielseitig erzogen und durchaus selbstbewusst schwang sich Pauline durch ihre Vermählung mit Fürst Leopold I. zur First Lady des Lipperlandes auf. Dort übernahm die in Verwaltungsdingen erfahrene Mutter zweier Söhne unter anderem das Amt des Kabinettsekretärs und vertrat ihren kränkelnden Ehemann immer wieder als Regierungsoberhaupt. Nach dessen Tod im Jahr 1802 trat sie, stellvertretend für ihren noch unmündigen Sohn, die Herrschaft im Fürstentum an.

Ihre Regentschaft währte bis zu ihrem Ableben 1820. Neben den allgemeinen Amtsgeschäften hatte sie es sich zur vornehmlichen Aufgabe gemacht, der Armut und Bettelei im Lande entgegenzuwirken, indem sie Armenspeisungen und eine Pflegeeinrichtung für Bedürftige einrichtete. Und sie setzte ihren Vorschlag, „eine Pariser Mode nach Detmold zu verpflanzen", durch, indem sie nach französischem Vorbild eine „Aufbewahrungs-Anstalt für kleine Kinder" einrichtete, den ersten Kindergarten des Landes. Zahllose Besucher aus dem In- und Ausland kamen, um diese Idee kennenzulernen, die besonders in England viel Beachtung fand. Und als der Landtag einen ihrer Anträge zur Verbesserung der Missstände ablehnte, zog Pauline selbstbewusst die Konsequenz – sie berief den Landtag nicht wieder ein! So machte sich die eigenwillige Fürstin mit ihrem Engagement für sozial Benachteiligte rasch einen Namen als reformierende Regentin. Neben der Innenpolitik erforderte die Situation Europas, dass Pauline ihre außenpolitischen Fähigkeiten unter Beweis stellte. Es gelang ihr mit Bravour. Mit großem diplomatischem Geschick vollbrachte sie es bei einem Treffen mit

Wenn sie in Bad Meinberg weilte, gewährte die Fürstin strickend Audienzen.

Napoleon Bonaparte tatsächlich, dass Lippe eigenständig blieb und nicht dem Königreich Westphalen zugeordnet wurde. Damit prägte die Fürstin wie kaum jemand anderes die Identität Lippes. Nein, diese Pauline war kein Frauenzimmer, sondern eine toughe Lady, die die Frage nach der Rolle der Frau in der Gesellschaft nicht nur beantworten konnte, sondern auch gelebt hat.

26 Der „Trompeter der Revolution"
Ferdinand Freiligrath (1810–1876)

Klassische Lyrik und schwelgende Poesie haben es schwer dieser Tage. Denn nur noch die wenigsten lassen sich von elegantem Versmaß und geschliffenem Ausdruck begeistern. Manchmal jedoch schwappt die vergangene Dichtkunst ganz unversehens in die Gegenwart und entfaltet eine Kraft, die ganze Staaten aus den Angeln heben kann: „Wir sind das Volk!"

Schon früh machte sich der Sohn eines Detmolder Schulmeisters daran, starke Verse zu schmieden. Ferdinand Freiligrath besaß ein poetisches Talent, mit dem er in den 1840ern zu einem der populärsten deutschsprachigen Lyriker wurde. Das ganze Land kannte seine Gedichte, die bekanntesten Komponisten vertonten seine Verse. 1810 geboren, entwickelte sich der junge Ferdinand rasch zu einem Bücherwurm, der das örtliche Gymnasium besuchte. Da das Geld für ein Studium jedoch nicht reichte, verließ er Detmold kurz vor dem Abitur, um in Soest eine kaufmännische Lehre anzutreten. Fleißig übte er sich in Französisch und Englisch, ging 1831 als Kontorist einer Bank nach Amsterdam, wo er nebenbei romantische und exotische Gedichte verfasste. Es folgten erste Veröffentlichungen, von denen sich bekannte Dichterkollegen begeistert zeigten. Zudem machte er sich als kongenialer Übersetzer von Victor Hugo, Walter Scott u.a. einen Namen und konnte bald – außergewöhnlich für diese Zeit – seinen Lebensunterhalt mit seiner Kunst bestreiten. So kehrte Freiligrath nach Deutschland zurück und erhielt vom preußischen König sogar eine vorzügliche Jahrespension. Doch die Zeiten änderten sich, radikale Gedanken flogen umher, das gedruckte Wort zeigte sich angriffslustig. Ungehorsam lag in der Luft! 1844 kündigte Freiligrath die königliche Pension und bekannte sich offen zur Opposition. Beleidigt ließ der König seine Werke verbieten, doch die skandalösen, nun verfemten Aufrufe fanden weiterhin ihren Weg zu den Massen. Und hatte er bislang mit fein gesetzten Worten lediglich die politischen Missstände und soziale Not missbilligt, forderte er nun den Umsturz. Die Konsequenz: Freiligrath wurde steckbrieflich gesucht. Der Dichter war auf der Flucht. Er gelangte nach London, von wo aus seine Feder die aufwallende Revolte in Deutschland mit politischer Lyrik befeuerte – man feierte ihn als „Trompeter der Revolution". Im Revolutionsjahr 1848 erschien sein Gedicht „Trotz alledem", in dem sich eben jene Zeile findet, die 1989 in der DDR zum Leitsatz des gewaltlosen Staatssturzes wurde: „Nur, was zerfällt, vertretet ihr! Seid Kasten nur, trotz alledem! *Wir sind das Volk*, die Menschheit wir." Auch seine Mahnrede „Die Toten an die Lebenden" entstand in jenen Tagen, und Tausende lasen seine Aufforderung, die Throne in Flammen zu setzen. Freiligrath reiste abermals nach Deutschland, wo man ihn umgehend verhaftete und „wegen Aufreizung zum Widerstand" vor Gericht

Romantisch, revolutionär und radikal: der politische Poet aus Detmold.

stellte. Zwar wurde der populäre Poet freigesprochen, dennoch konnte er nicht lange bleiben, stand doch noch immer eine Anschuldigung wegen „Aufforderung zur Empörung und Majestätsbeleidigung" im Raum. Um einen weiteren Prozess zu vermeiden, kehrte er 1852 über Umwege ins Londoner Exil zurück, wo er seine revolutionäre Trompete an den Nagel hängte und als Banker Karriere machte. Es wurde still um den politischen Verseschmied, doch er wurde nicht vergessen. Als Freiligrath 1868 nach Deutschland zurückkehrte (ins liberalere Württemberg, da er im preußischen Rheinland noch immer gesucht wurde), hatten seine Fans die gewaltige Summe von 60.000 Talern für ihn gesammelt. Der Detmolder Romantiker, der zum Revolutionär wurde, starb 1876 nahe Stuttgart.

27 Von der Badewanne zum Staatsbad
Die Idee des Dr. Hasse

Für eine gute Idee waren die lippischen Fürsten schon immer zu haben. Erst recht die fortschrittliche Landesmutter Fürstin Pauline, die selbst so manchen Gedanken erfolgreich in die Tat umsetzte, auch wenn er zunächst nur Kopfschütteln hervorrief. Und sogar, wenn die Kassen knapp waren.

Gegen Ende des 18. Jahrhunderts waren die Zeiten auch in Lippe nicht mehr so rosig wie einst. Sogar das Salzwerk von Salzuflen, ehemals eine wahre Goldgrube, drohte unrentabel zu werden. Zwar hatten die Landesherren das „westfälische Salzfass" mit erheblichen Investitionen auf den neuesten technischen Stand gebracht und vier gewaltige Gradierwerke errichten lassen, dennoch stand unter der Regentschaft von Fürstin Pauline (1802–1820) der Ruin zu befürchten. Besonders der Siebenjährige Krieg (1756–1763) hatte die Stadt mit Kontributionen, Einquartierungen und mancherlei Kümmernissen arg gebeutelt. Da kam der Gedanke des Stadtphysikus Hasse gerade recht, den er im Juli 1817 dem zuständigen Amt in Detmold zur freundlichen Kenntnisnahme unterbreitete. Er kam zu dem Schluss, „wo wirksame mineralische Quellen sind, ist es kaum zu entschuldigen, wenn die Bewohner der Gegend diese von der Natur ihnen dargebotenen Heilmittel unbenutzt ließen. (…) Es wäre daher sehr zu wünschen, dass an der Quelle Einrichtungen zum Baden geschaffen werden." Baden? In Salzwasser? In Detmold grübelte man hin und her, doch dann, nach genau einem Jahr, wurden im Pumpenhaus auf dem Salzhof zu Salzuflen fünf Wannen aufgestellt. Zwar konnte auch die kleine Solebadeanstalt des Dr. Hasse keine Wunder wirken, vor allem keine finanziellen, doch wenigstens bot sie dem Fürstlich-Lippischen Salzwerk einen bescheidenen Nebenbetrieb. Denn immerhin verzeichnete die erste „Saison" bereits 1.025 Badegäste. Das waren vermutlich Bauern und Bürger aus der direkten Nachbarschaft, was jedoch bei lediglich 1.400 Stadtbewohnern durchaus bemerkenswert war. So plätscherte der Badebetrieb einige Jahrzehnte vor sich hin, bis 1855 ein Blitz das Pumpenhaus zerstörte. Nun erst machte man sich am Fürstenhof ernsthafte Gedanken über die Zukunft der kleinen Badeanstalt. Anscheinend war man guten Mutes, denn es entstand ein neues, eigenständiges Badehaus mit acht Badestuben. Bald erkannte man zudem den positiven Nebeneffekt der Gradierwände, die mit der zerstäubten Sole ein meerähnliches Mikroklima erzeugten, das vor allem bei Erkrankungen der Atemwege lindernd wirkte. Rasch wurde eine Trinkhalle in die Meeresbrise gestellt, in der man sich das leicht salzige Wasser der Sophienquelle zu Gemüte führen konnte. Auch die Blumenrabatten wurden aufgehübscht und zum Kurpark erweitert, ein zweites Badehaus mit 24 Wannen wuchs empor und mit dem naturwarmen Leopoldsprudel ließ sich ein formidables Thermalbad füllen. Baden und Kuren lagen voll im Trend, sodass das mondäne Kurhaus kurz nach seiner Eröff-

Runder Tempel, warme Quelle: der Leopold-Sprudel im Kurpark.

nung (1900) rund 20.000 Gäste zählte, die zumeist in prächtigen Jugendstil-Pensionen und Kurheimen logierten. 1914 bekam Salzuflen die Auszeichnung „Bad" verliehen, wurde 1918 mit der Gründung des Freistaats Lippe sogar zum Staatsbad erhoben und gehörte schon bald zu den fünf größten deutschen Heilbädern. Und auch wenn die Rekordzeiten mit mehreren Millionen Übernachtungen pro Jahr inzwischen vorbei sind, kann Bad Salzuflen bis heute seine Spitzenposition im „Heilgarten Deutschlands" verteidigen. Dr. Hasse sei Dank.

28 Revoluzzer mit Sprachstil
Georg Weerth (1822–1856)

„Homer ist tot. Ich lebe. Das Letztere freut mich am meisten." Unerhört, wie frech der junge Detmolder 1848 daranging, sich in einem Roman über den regierenden Adel lustig zu machen. Ein Roman mit Folgen, der den Verfasser zum geistreichsten Autor seiner Epoche erhob. Georg Weerth, ein viel zu gründlich vergessener Meister der Sprache.

Denn Weerth wollte nicht wie Homer den edlen Odysseus besingen, sondern die „Taten des Ritters Schnapphahnski" verherrlichen – was ihm unter anderem drei Monate Haft für die Beleidigung eines ermordeten adeligen Abgeordneten der Frankfurter Nationalversammlung eintrug. Dabei hatte der Lebensweg Weerths, der als Sohn des Generalsuperintendenten zur Welt gekommen war, ganz arglos begonnen: frühzeitiger Schulabgang, kaufmännische Lehre, Buchhalter, Korrespondent, Kontorist, Geschäftsreisender. Alles sah nach einer belanglosen, gutbürgerlichen Karriere aus … Hätte er nicht seinen Detmolder Nachbarssohn Ferdinand Freiligrath getroffen, der ihn in seinem „Literaten-Kränzchen" aufnahm und für die Poesie gewann. Hätte er nicht seine ersten Gedichte veröffentlicht. Hätte er nicht in den Akten seines Chefs einen handfesten Skandal bemerkt und enthüllt. So aber ging er für eine Textilfirma nach Manchester, mitten hinein ins Herz des englischen Kapitalismus, wo Aufstieg und Elend der Industrialisierung auf ihn einstürmten. In kürzester Zeit wurde aus dem Kaufmann mit poetischer Ader ein Poet mit politischen Zielen. Bald berichtete er in der Zeitung von seinen Eindrücken, freundete sich mit Friedrich Engels, Armenärzten und Arbeiterführern an und lernte Karl Marx kennen, der ihn in den „Bund der Kommunisten" einführte. Weerth veröffentlichte weitere Gedichte, notierte gesellschaftskritisch die Konsequenzen der Industrialisierung und verfasste eine bitterböse Satire auf den eigenen Berufsstand. 1846 siedelte er nach Brüssel um, reiste umher, verfasste Berichte über die sozialen Verhältnisse und hielt im Namen des Proletariats flammende Reden, die weithin Aufmerksamkeit erregten. Zeitweilig war er sogar Feuilletonleiter der „Neuen Rheinischen Zeitung" unter Chefredakteur Karl Marx. In jenen Tagen erschien auch sein satirischer Roman über jenen „Ritter Schnapphahnski" mit den erwähnten unangenehmen Folgen. Nach der Haftstrafe und tief enttäuscht vom Scheitern der Revolution sehen wir den bissigen Dichter des Vormärz als umtriebigen Geschäftsmann durch Europa eilen. Die Literatur jedoch, die gab er auf. „Jetzt schreiben! Wofür?", notierte er und klapperte für eine englische Textilfirma ganz Amerika ab.

Ende 1855, der lippische Sprachkünstler war just von seiner vermeintlichen großen Liebe abgewiesen worden, reiste er abermals nach Übersee. Auf Haiti erwischte den einst stichelnden

Engels, Marx und Ritter Schnapphahnski: der lippische Revolutionär mit Esprit.

Journalisten der Stachel einer Mücke. Auf Kuba verlor er das Bewusstsein. Diagnose: zerebrale Malaria, unheilbare Hirnhautentzündung! Nach einer Woche, am Morgen des 30. Juli 1856, verschied er 34 jährig. Der Friedhof in Havanna, wo der fast vergessene „Revolutionär mit Esprit" beigesetzt wurde, existiert nicht mehr. Lediglich eine Tafel erinnert an den „ersten und bedeutendsten Dichter des deutschen Proletariats" wie ihn Friedrich Engels bezeichnete.

29 Weber, Wohlstand, Weltluft
Unternehmer Carl David Weber (1824–1907)

Ein ganzes Jahrhundert lang, von den 1870er-Jahren bis in die 1970er-Jahre, war es den meisten Bürgern von Oerlinghausen nicht vergönnt, sich am grünen Schmuckstück ihrer Stadt zu erfreuen. Heute ist der private Park ganzjährig geöffnet und bezeugt die Geschichte von C.D. Weber, der mit dem Geist des Kapitalismus „Weltluft" durch Lippe wehen ließ.

Warum genau die Preußen dem gebürtigen Bielefelder im Jahr 1850 die Wiedereinreise verwehrten, ist nicht überliefert. Hatte er sich vielleicht dem Militärdienst entzogen? Oder hatte er sogar vor seiner geschäftlichen Auslandsreise die preußische Staatsbürgerschaft verworfen? Zumindest hatte Weber den stolzen Staat brüskiert, sodass er seine Stellung in Bielefeld aufgeben musste. Also zog er kurz entschlossen nach Lippe und gründete in Oerlinghausen die Feinleinenfirma Carl Weber & Co. In einem Gebäude an der Detmolder Straße richtete er sich mit Wohnung, Kontor und Warenlager ein. Doch anders als die riesigen Betriebe, die in jenen Tagen auf die mechanische Massenproduktion umschwenkten, setzte er weiterhin auf das hergebrachte Verlagssystem. Weber war der Überzeugung, das handgewebte Leinen der örtlichen Handweber sei sehr viel hochwertiger als die Maschinenware, und dass es für die um ein Vielfaches teurere Ware durchaus Abnehmer gäbe. Seine gewagte Rechnung ging auf. Unter dem Namen „CEWECO" wurde die Firma einer der größten Feinleinenhersteller Deutschlands. In einem Nachbargebäude ließ er zudem das handgefertigte Leinen zu Fertigwaren wie Tischdecken, Bettwäsche und Ähnlichem weiterverarbeiten. Das sorgte während des wirtschaftlichen Aufschwungs der Gründerjahre, als sich immer mehr junge Frauen eine ordentliche Aussteuer aus Leinen oder Halbleinen leisten konnten, in Oerlinghausen für eine Blütezeit. Die CEWECO, von den Einheimischen nur als „die Firma" bezeichnet, war weit mehr als der größte Arbeitgeber vor Ort. Vielmehr wurde sie, so Webers Enkelin, „für das Dorf zur Quelle des Wohlstands; Weltluft durchwehte den abgeschiedenen Ort." In den 1870ern ließ Sohn Karl den etwa zwei Hektar großen Park anlegen, der um 1900 zum englischen Garten umgestaltet wurde. Der Senior-Chef engagierte sich zudem für die sozialen Belange der Oerlinghauser, indem er ein Krankenhaus und eine Altenheim stiftete, den Bau der Synagoge förderte und sich maßgeblich an der Gründung eines Elektrizitätswerkes beteiligte. Daher dürfte es ihm nur wenig gefallen haben, dass ihn sein Neffe, der berühmte Soziologe Max Weber, als typisches Beispiel eines kapitalistischen Unternehmers schilderte. 1903 war es schließlich so weit, dass sich auch die Firma Weber nicht länger dem Fortschritt entziehen konnte und eine mechanische

Fabrikant und Wohltäter: die Weber-Büste im Weber-Park.

Weberei eröffnete. Mit Halbleinen aus Baumwolle und Leinen konnte man sich nochmals am Markt behaupten und sogar expandieren. 1973 schloss der Betrieb in Oerlinghausen seine Pforten. Die Pforten des Weberparks hingegen öffneten sich 1976 und bieten seither einen idyllischen Ruhepol im Herzen der Stadt. Mit seinen alten Bäumen und Skulpturen gilt er auch vielen Touristen als Attraktion, womit „die Firma" bis heute dafür sorgt, dass Weltluft den Ort durchweht.

30 Kurios, bizarr, grotesk
Das Lebenswerk des Karl Junker (1850–1912)

Nahe der Lemgoer Innenstadt, etwas erhöht und doch von Bäumen verborgen, harrt die kreativste Holzarchitektur Lippes der Entdeckung. Während Lemgo selbst in historischem Fachwerk schwelgt, wirkt das Haus des Karl Junker wie aus der Realität gefallen. Das Junkerhaus ist ein fantastisches Gesamtkunstwerk, das sich allen gängigen Kunstkategorien entzieht.

Über und über mit knorpeligen Holzschnitzereien übersäht, wirkt das Gebäude wie ein Märchenhaus, fast schon lebendig. Und so löst sein Anblick bei den einen Überraschung und Neugier aus, während andere es als bedrückend, fast schon gruselig empfinden. Durch den modern gestalteten Eingang und einen gläsernen Gang gelangt man heute in eine fremde Welt, die der lippische Künstler einst von Grund auf schuf. Nachdem der 1850 geborene Karl Friedrich Junker in nur wenigen Jahren sowohl Bruder als auch Eltern verloren hatte, wuchs er bei seinen Großeltern auf. Nach einer Tischlerlehre mit anschließender Wanderschaft besuchte er in München die Kunstgewerbeschule sowie die Akademie der Bildenden Künste. 1877 reiste er durch Italien, um die Architektur der Gotik und Renaissance zu studieren. Mit Stapeln von Skizzen und Heften voller Notizen zum Thema kehrte er 1881 nach Lemgo zurück. In der Heimat machte sich der Eigenbrötler daran, seine ureigene Vision zu entwickeln, in der sich Kunst und Leben ebenbürtig sind. So legte er 1889 den Behörden einen Bauantrag für einen zweigeschossigen Fachwerkbau auf quadratischem Grundriss vor. Er erhielt eine Genehmigung und begann damit, ohne jegliche fremde Hilfe ein Gebäude zu errichten, in dem Architektur, Malerei und Bildhauerei eine so innige Verbindung eingingen, wie man es noch nicht gesehen hatte. Und schon zu Lebzeiten des Künstlers taten sich die wackeren Bürger schwer damit, die üppig verzierte Fassade, die skulptural geschnitzten Möbel in Verbindung mit über 150 Deckengemälden als ein Kunstwerk zu begreifen. Dennoch waren die Menschen fasziniert und kamen immer wieder, um den absonderlichen „Architekturmaler" und sein Werk zu begutachten. Bereits 1895 wurde das Haus in einem Reiseführer als bizarre Sehenswürdigkeit aufgeführt. Für wenige Groschen war der Künstler bereit, jeden durch die merkwürdigen Räumlichkeiten zu führen, die er selber kaum nutzte. Junker lebte allein, vermutlich hauste er in einer kleinen Kammer unter dem Dach. Als er schließlich einer Lungenentzündung erlag, stand das Haus bereits im Rufe eines Museums und gelangte 1960 in den Besitz der Stadt. Doch noch immer tat man sich schwer mit dem Werk und

Unheimlich faszinierend: das Gesamtkunstwerk Junker-Haus.

Nachlass des Sonderlings, um den sich nach wir vor diverse Mythen ranken. Inzwischen steht das von Holz überflutete Haus unter Denkmalschutz und die märchenhaften Möbel, Gemälde und Plastiken erfahren ihre berechtigte Würdigung.

31 Der dichtende Wanderarbeiter
Friedrich Wienke (1863–1930)

Ab der Mitte des 19. Jahrhunderts sah es düster aus im Staate Lippe. Fast sämtliche Webstühle standen still und das Land wurde zum Armenhaus. Um irgendwie über die Runden zu kommen, entschieden sich besonders in Lippe ausnehmend viele Menschen für die Wanderarbeit. Über ihr hartes Los berichtet die Lyrik von Friedrich Wienke, der als „Zieglerdichter" bekannt wurde.

Als Spross einer einfachen Bauernfamilie in Brakelsiek lernte der kleine Fritz die herrschende Not schon in frühen Jahren kennen. Vergebens hatte die Landesregierung mit verschiedenen Maßnahmen versucht, die sich ankündigenden Verschlimmerungen für die ländliche Bevölkerung abzuwenden. Eine zwingend notwendige umfassende Agrarreform blieb aus und der Verfall des Textilgewerbes gab der Wirtschaft den Rest. Gegen die englische Massenproduktion und zunehmende Industrialisierung hatten die lippischen Weber und Garnspinner nicht den Hauch einer Chance. In der Zeit von 1830 bis 1850 ging die Produktion um die Hälfte zurück, sodass in manchen Regionen sämtliche Webstühle stillstanden. Die Verarmung nahm dramatische Züge an und auch bei Familie Wienke war Schmalhans Küchenmeister. Dem 14-jährigen Fritz blieb nach der Volksschule nichts anderes übrig, als sich in die Fremde zu begeben. Während sich andernorts viele Notleidende mit Sack und Pack auf den Weg nach Amerika machten, wurde in Lippe die Wanderarbeit zu einem Phänomen, das hier bis in die Weimarer Republik anhielt. Die Menschen verdingten sich von Frühjahr bis in den Herbst als Ziegler, Torfstecher und Grasmäher in den benachbarten deutschen Landen oder zogen bis in die Niederlande, nach Polen oder Böhmen. Und während die Männer jeden Tag vierzehn Stunden schwer schuften mussten, versuchten die Frauen daheim mit äußerster Sparsamkeit die kleine Landwirtschaft und die Familie zu versorgen. Zeitweise war jeder dritte Erwerbstätige in Lippe während der Saison auf Wanderschaft. Über zwei Jahrzehnte teilte auch Friedrich „Fritz" Wienke die Sorgen und Nöte seiner Kameraden, mit denen er in Bad Pyrmont, Lübeck und Hildesheim an der Streichbank stand und für geringen Lohn Ziegel produzierte. Im Winter arbeitete er als Flickschneider. An diesen langen Tagen formulierte er auf Plattdeutsch erste Verse und Gedichte. Ein Pastor erkannte sein verborgenes Talent und half ihm bei der Niederschrift. 1889 erschienen die „Ziegellieder", in denen er die Arbeits- und Lebensbedingungen der umherziehenden reinen Männergesellschaften beschrieb. In leicht verständlicher Sprache, zunächst auf Hochdeutsch, dann auf „Lippsk Platt", dichtete er über das harte Tagwerk und das Heimweh, die Sorgen um die Familie und die Liebe zur lippischen Heimat – und setzte den Wanderarbeitern ein ganz besonderes literarisches Denkmal.

Harte Arbeit und plattdeutsche Lyrik, Wanderziegler und Zieglerdichter.

32 „Die Interessen unseres Geschlechts“ Marianne Weber geb. Schnitger (1870–1954)

Dass Frauen und Politik wunderbar harmonieren, das hatte, zumindest für Lippe, Fürstin Pauline längst unter Beweis gestellt. Dennoch ging Anfang 1919 ein Tuscheln durch den Parlamentssaal, als erstmals eine Frau als Abgeordnete vor einem Landtag eine Rede hielt. Es sprach Marianne Weber – Politologin, Frauenrechtlerin, Lipperin.

So sei mir gestattet, nicht als Parteiangehörige, sondern als Frau einige Worte zu sprechen …“ Mit diesen Worten hob die Abgeordnete zu ihrer Rede vor dem Badischen Landtag in Karlsruhe an, um sogleich festzustellen, dass die erstmalige Beteiligung von Frauen an dieser Versammlung „ein Augenblick von geschichtlicher Bedeutung“ sei. An diesem Tage trat Marianne Weber zwar nicht das erste Mal, wohl aber das offensichtlichste Mal aus dem Schatten ihres berühmten Gatten Max Weber heraus. Die Tochter eines Landarztes und Enkelin eines erfolgreichen Leinenfabrikanten wuchs in Oerlinghausen und Lemgo auf, bevor sie in Berlin eine Ausbildung zur Zeichnerin machte und die entfernt verwandte Familie Weber kennenlernte. 1893 heiratete sie Max Weber, der später als Gründungsvater der deutschen Soziologie in die Wissenschaftsgeschichte einging. Die Trauung und Feier fanden übrigens in ihrem Heimatort Oerlinghausen statt, den sie nahezu jährlich besuchten und hier auch ihre Silberhochzeit feierten. Auch der große Soziologieprofessor wurde ein großer Fan des lippischen Bergstädtchens, über das er notierte: „Hier ruft alles Heimat, Heimat. Ein deutsches Land, deutscher noch als Heidelberg, was doch eigentlich Heimat ist.“ Marianne Weber folgte ihrem Mann nach Freiburg und Heidelberg, wo sie begann, sich für die Frauenbewegung zu engagieren, und ab 1896 als Gasthörerin (Frauen waren noch nicht zum Studium zugelassen!) Philosophie und Nationalökonomie studierte. Ihre wissenschaftliche Karriere endete jedoch mit der Erkrankung ihres Mannes. Es folgten Reisen durch Europa und in die USA. Die fortschreitende Emanzipation der amerikanischen Frauen beeindruckte sie, sodass sie 1901 dem Bund Deutscher Frauenvereine (BDF) beitrat, dem sie von 1919 bis 1924 sogar vorstand. Daneben begründete sie eine Rechtsschutzstelle, die besonders für Dienstmädchen und Kellnerinnen eintrat, hielt Vorträge über „Sexualethik und Prinzipienfragen“ und engagierte sich im „Nationalen Frauendienst“. Als Mitbegründerin der Deutschen Demokratischen Partei nahm sie am Wahlkampf teil und wurde 1919 schließlich Abgeordnete im Badischen Landtag, wo sie als erste weibliche Abgeordnete ans Rednerpult treten durfte. Nach dem Tod ihres Mannes 1920 gab sie jedoch alle ihre Ämter auf und kümmerte sich um die Heraus-

Von Oerlinghausen in die Welt: eine Wegbereiterin der Emanzipation.

gabe seiner Schriften, was die Universität Heidelberg mit einer Ehrendoktorwürde honorierte. Es wurde stiller um die Schrittmacherin der Frauenemanzipation und sie trat nur noch selten mit Vorträgen in Erscheinung. „Wir Frauen werden hier“, trug Marianne Weber im Januar 1919 weiter vor, „selbstverständlich nicht nur die Interessen unserer Partei, sondern auch die Interessen unseres Geschlechts zu vertreten haben …“ Sie tat es mit lippischer Überzeugung.

33 Neubeginn mit Punktationen
Heinrich Drake (1881–1970)

Darüber ist man sich längst einig: Wenn es je einen Vollblutpolitiker gegeben hat, der ebenso ehrgeizig wie folgenreich lippische Geschichte geschrieben hat, dann war es Heinrich Drake. Ob einst als Vorsitzender des Landespräsidiums Lippe, zeitweilig als Landespräsident von Lippe und Schaumburg-Lippe oder als erster Regierungspräsident des Regierungsbezirkes Detmold.

Der aus einfachen Verhältnissen stammende Buchhändler und Redakteur war schon in jungen Jahren bestens mit den politischen Verhältnissen in Lippe vertraut, da er hin und wieder als Protokollführer im Lippischen Landtag fungierte. Nach dem Ersten Weltkrieg und den Ereignissen der Novemberrevolution von 1918 erlebte er dann, wie die lange Geschichte des Fürstentums Lippe ein Ende fand und fortan alle Macht beim Volks- und Soldatenrat lag, dem die Landesregierung Folge zu leisten hatte. Als Sozialdemokrat gehörte Drake dem ersten demokratisch gewählten Landtag an und wurde bald in das dreiköpfige Landespräsidium – wieder eine typisch lippische Besonderheit – berufen, dem er von 1925 bis 1933 sogar vorsaß. Nach nationalsozialistischer Tyrannei und Weltkrieg setzte die britische Militärregierung den unbescholtenen Drake als kommissarischen Regierungspräsidenten ein. Ähnlich wie nach 1918 galt es erneut, ein demokratisches Staatswesen aufzubauen, verheerende Kriegsschäden zu beseitigen und die Bevölkerung mit dem Nötigsten zu versorgen. Und wenn Drake „seinen" Lippern in Anbetracht der schwierigen Umstände zurief: „Steht nicht herum und bekakelt die Lage! … Arbeitet! Pflanzt Kartoffeln! Baut Gemüse! Pflegt Obstbäume!", dann ging er trotz seines Alters mit größter Selbstdisziplin voran. Doch der kleine Freistaat Lippe hatte bei der nun einsetzenden Neugliederung der Länder keinen Bestand mehr und sollte sich einem großen Nachbarn anschließen. Nordrhein-Westfalen oder Niedersachsen? Lippe hatte die schwierige Wahl. Doch Landesvater Drake erwies sich einmal mehr als geschickter Taktiker. Er verstand es, von den jeweiligen Bewerbern größtmögliche Zugeständnisse zu bekommen bzw. möglichst viel Eigenständigkeit für Lippe zu bewahren. Letztendlich waren es die „Lippischen Punktationen", die die Entscheidung für die Eingliederung nach NRW erbrachten. Diese Sonderrechte für den zukünftigen Landesteil Lippe sahen unter anderem vor, den Sitz des Regierungspräsidenten von Minden nach Detmold zu verlegen, was für einigen Zündstoff sorgte. Bedeutender und in seiner Wirkung bis heute gravierend war die Forderung, dass sowohl die ehemaligen fürstlichen Besitztümer des Landes als auch dessen Einrichtungen wie Staatsbäder, Landestheater und -bibliothek in Lippe verblieben, getragen von einer noch zu gründenden Institution. NRW war einverstanden und die Einglie-

Aus einfachen Verhältnissen: das Geburtshaus des Landesvaters in Lemgo.

derung erfolgte am 21. Januar 1947. Im Jahr darauf entstand die in Deutschland wohl einmalige Körperschaft Landesverband Lippe, dem die Verwaltung des Vermögens übertragen wurde. So gelang es dem allseits hoch geachteten Landeschef Drake die „gesunden lippischen Überlieferungen und Werte zu bewahren“, wie er es auf jener „Feierlichen Schlußsitzung“ des Landtags bezeichnete.

34 Wo aus Vergessen Erinnern wird
Das Frenkel-Haus in Lemgo

Sie war Jüdin. Sie war gebürtige Lipperin. Und sie war mit ihrer Großmutter die Einzige aus ihrer Familie, die den Holocaust überlebte. Dass sie später in ihre Heimatstadt Lemgo zurückkehrte, um sich als Zeitzeugin gegen das Vergessen zu engagieren, macht ihre Geschichte zu einem wirklichen Höhepunkt der lippischen Vergangenheit: Karla Raveh (1927–2017).

Das Nachdenken beginnt spätestens in der Echternstraße 70, wo vor einem kleinen, roten Ziegelhaus mit Fenstern in munterem Blau gleich vierzehn „Stolpersteine“ aus Messing Aufmerksamkeit einfordern. Es war der 28. Juli 1942, als die alteingesessene jüdische Händlerfamilie Frenkel, darunter die 15-jährige Karla, aus ihrem bescheidenen Wohn- und Geschäftshaus gezerrt und vom Lemgoer Marktplatz aus in das KZ Theresienstadt deportiert wurde. Heute lädt das freundlich wirkende Haus dazu ein, sich anhand von Fotos, Dokumenten und einigen wenigen Exponaten über die Geschichte dieser Familie von ihrer Zuwanderung 1862 bis zur Deportation 1942 zu informieren. Ein anderer Teil der bemerkenswerten Ausstellung erzählt Karlas Geschichte, die der Vernichtung entging und sich bis zurück in ihre Heimatstadt durchschlug. Hier lernte sie ihren späteren Mann Szmuel Raveh kennen, mit dem sie 1949 ins gerade gegründete Israel auswanderte. Sie kehrte damit ihrer Heimat den Rücken und sprach auch nie wieder ein Wort Deutsch. Bis 1985, als eine Lemgoer Lehrerin sie aufgrund ihrer Familiengeschichte anschrieb. Und statt sich dem leichteren Vergessen hinzugeben, stellte sich Karla Raveh der nervenzerrenden Aufgabe, ihre Lebensgeschichte aufzuschreiben. 1986 wurde das Manuskript unter dem Titel „Überleben“ veröffentlicht. Infolge der unglaublichen Resonanz auf das Buch konnte nur zwei Jahre später das Frenkel-Haus als Dokumentationsstätte und Ort der Begegnung eröffnet werden. Gleichzeitig wurde Karla Raveh zur Ehrenbürgerin ernannt, die fortan jedes Jahr für einige Monate nach Lemgo kam, in ihrem Geburtshaus wohnte und sich im Gespräch mit Jugendlichen als Zeitzeugin engagierte. Nach Jahren des Schweigens und des Vergessenwollens wurde nun das Erinnern und Erzählen zu ihrem Lebensinhalt. Fotos, Filme und Audioaufnahmen geben einen Eindruck von dieser außergewöhnlichen Frau. Ihren 90. Geburtstag beging sie noch in der nach ihr benannten Gesamtschule und verstarb kurz darauf im hiesigen Klinikum. Auf ihren Wunsch wurde sie in Israel beigesetzt. Im Frenkel-Haus erinnert ihre abenteuerliche Biografie nach wie vor daran, wie rasch aus nachbarschaftlichem Zusammenleben Ausgrenzung und Verfolgung werden kann. Das Mädchen Karla mahnt immer wieder zum Nachdenken.

Dokumentieren, Begegnen, Verstehen: das Frenkel-Haus zu Lemgo.

35 „Volk im Dreck – Bonzen im Speck“ Der Widerstand des Willy Langenberg (1910–1944)

Widerstand gegen den Nationalsozialismus zu leisten war möglich, auch im Freistaat Lippe, der seit dem überwältigenden Sieg der NSDAP bei der Landtagswahl im Januar 1933 häufig als Vorzeige-NS-Region herhalten musste. Einer der energischsten Agitatoren gegen das Hitlerregime war Willy Langenberg, der mit beinahe filmreifen Aktionen für Aufmerksamkeit sorgte.

Der 1910 in Lemgo geborene Sohn eines einfachen Arbeiters, den man in seiner Heimat vor allem als herausragenden Sportler kannte, geriet schon ab 1930 immer wieder mit den Nazis in Konflikt. Mehrfach endeten die wilden Prügeleien sogar hinter Schloss und Riegel. Als er schließlich bei einer dieser Konfrontationen eine Waffe zog und Warnschüsse abgab, wurde er wegen versuchten Mordes angeklagt und in Detmold in Untersuchungshaft genommen. Allerdings konnte er fliehen und tauchte unter. Zwar ließ man die Anklage später fallen, doch beschäftigte er sich fortan zunehmend damit, mit anderen kommunistischen Gesinnungsgenossen den Widerstand gegen die Nazis zu organisieren. 1935 erfolgte abermals eine Verhaftung und er musste wegen Vorbereitung zum Hochverrat viereinhalb Jahren in einem Zuchthaus verbringen. Nach der Haft arbeitete er als Schneider in seiner Heimatstadt, von wo aus er seinen heimlichen Kampf gegen die NS-Herrschaft fortführte. Als man ihn 1941 denunzierte, verschwand er erneut. Zunächst versteckte er sich bei seiner Verlobten, dann lebte er, von zahlreichen Freunden und Bekannten unterstützt, in Steinbrüchen, Wäldern und Gartenlauben. Und noch immer führte er seinen Aufstand gegen das scheinbar übermächtige Regime fort, indem er Flugblätter verteilte und Häuserwände mit Sprüchen wie „Volk im Dreck – Bonzen im Speck“ verzierte, Bahngleise sabotierte, Waffendepots ausräumte, Sprengsätze legte. Dabei kam ihm besonders seine Verwandlungsfähigkeit zugute, dank der er sogar als Frau auftreten und unerkannt verschwinden konnte. Als jedoch seine Verlobte Anfang 1944 verhaftet und ins Bielefelder Gestapogefängnis gebracht wurde, kam Langenbergs Widerstand zu einem Finale, das an Dramatik kaum zu übertreffen ist. In der Nacht zum 18. März drang er gemeinsam mit einem Freund und Kampfgenossen, verkleidet mit selbstgenähten Uniformen, in das Bielefelder Gefängnis ein. Der dreiste Coup gelang, doch die Polizei und SA war mit ganzen Hundertschaften hinter den drei Flüchtenden her, wobei viele Bekannte und Unterstützer verhaftet und verhört wurden. Langenbergs Kamerad wurde schließlich gestellt und erschoss sich selbst, seine Verlobte wurde verletzt und ließ sich, um der Gestapo zu

Stolperstein: eine Erinnerung an Widerstand, Flucht und Tod.

entgehen, von ihm erschießen. Er selbst wurde nach viertägiger Flucht in einem Steinbruch bei Sonneborn aufgestöbert, wo er sich nach einem Feuergefecht selbst tötete.

Sicherlich ist Willy Langenberg aufgrund seines gewaltbereiten und teils brutalen Vorgehens kaum als Inbegriff eines demokratischen Vorbildes zu verstehen. Dennoch zeigt seine Geschichte, dass es auch unter widrigen Umständen möglich war, sich dem NS-System entgegenzustellen. Inzwischen wurden für Willy Langenberg und seinen Freund Christian Peter Bausch in Lemgo sogenannte Stolpersteine gesetzt (Echternstr. 21 bzw. Krumme Str. 4), auf dem Braker Friedhof wurde eine Gedenktafel enthüllt.

36 SiebenAchtVier
Die St.-Kilian-Kirche von Lügde

Nahe Lügde, auf einer Erhöhung und von einer Bruchsteinmauer umgeben, erhebt sich ein backsteinrotes Gemäuer, dessen bloßer Anblick jeden an Vergangenem Interessierten aufjauchzen lässt. Und die Kiliankirche hält, was sie verspricht: Historie pur. Es geht um Kirchenkunst und Karl den Großen, Mord und Totschlag.

In den Fränkischen Reichsannalen wurde festgehalten: „SiebenAchtVier war Karl der Große hier." So zumindest lernen es die hiesigen Kinder bis heute. Denn genau hier soll der Frankenkönig seinerzeit seine kriegerische Missionsreise durchs Sachsenland unterbrochen haben, um in einer kleinen, wahrscheinlich hölzernen Kirche das Weihnachtsfest zu feiern. Und vermutlich entstand über jenem Kirchlein bald ein steinernes Gotteshaus, aus dem um 1200 die heutige Kirche hervorging, die verlängert, erhöht und erweitert wurde. Das romanische Kreuzgewölbe, das hohe Mittelschiff, niedrige Seitenschiffe, Ostquerhaus und Apsis, Chorquadrat und jede Menge ornamentale Dekoration, wie sie in jenen Tagen typisch war – alles ist noch da. Bemerkenswerterweise ist St. Kilian in seiner ursprünglichen Form erhalten geblieben. Die herrliche Architekturmalerei mit Säulen und Bögen, hier Lebensbäume, dort ein Rankenfries, lassen die einstige Pracht erahnen, in der man unter anderem Graf Moritz von Pyrmont zur letzten Ruhe bettete. Am Nordeingang die Grabplatte des Christoph Anton von Exter, der hier 1676 bestattet wurde, wobei man argwöhnte, „ob er auf schelmische Weise ermordet sein sollte." Seine Witwe ließ zumindest am vermuteten Tatort oberhalb des Postweges ein Sühnekreuz errichten, das dort noch heute mahnt. Ein weiteres Kreuz steht direkt vor dem Eingang und verrät, dass hier Mathias Bröcker begraben liegt, seines Zeichens Scharf- und Nachrichter von Lügde, 1691 selig entschlafen in seinem 63. Jahr. Einige meinen, die drei Gesichter an den Kreuzenden stellten anmutige Engel dar, andere sind sich sicher, dass es sich um Delinquenten handele, die er einst ins Jenseits beförderte. Tatsächlich wird Bröcker als „ehrbarer Meister" bezeichnet, obwohl er einem „unehrlichen" Berufsstand angehörte und ihm in der Kirche sogar eine eigene „Scharfrichterbank" zugewiesen wurde. Doch wer wollte schon Böses über den Vollstrecker der Strafen sagen? Seit SiebenAchtVier ist vieles geschehen und St. Kilian ist in jeder Beziehung ein Höhepunkt der lippischen Geschichte.

Beeindruckende Ursprünglichkeit: über Kaiser, Graf und den Vollstrecker.

37 Eine Rose zur Zier
Die Falkenburg bei Detmold

Tief in den waldigen Hügeln schlummert das ursprüngliche Herz Lippes. Die Ruine der Falkenburg bei Detmold bietet einen unvergleichlichen Blick in die Zeit ihrer Erbauung vor über 800 Jahren. Mit dieser Burg legte der gewiefte Haudegen Bernhard II. den Grundstein für die Herrschaft der Herren zur Lippe. Über Jahrhunderte war sie eine der größten Dynastenburgen Westfalens.

Um 1140 als zweiter Sohn jener westfälischen Adelsfamilie geboren, die erstmalig als „Edle zur Lippe" bezeichnet wurden, sah man für Bernhard eine kirchliche Karriere vor. Vermutlich wurde er zunächst an der Domschule zu Hildesheim ausgebildet. Der frühe Tod seines Bruders sorgte für eine Planänderung und Bernhard musste sich auf die Nachfolge als Familienoberhaupt vorbereiten. Wahrscheinlich erfuhr er am Hofe Heinrichs des Löwen seine Ausbildung zum schlagkräftigen Kämpfer und galanten Edelmann. Bernhard wurde zum Ritter geschlagen und erwies sich als treuer Vasall Heinrichs des Löwen, an dessen Seite er im Sächsischen Krieg unter anderem gegen Kaiser Barbarossa kämpfte. Als Heinrich sich 1181 dem rotbärtigen Kaiser unterwerfen musste, begleitete er ihn ins Exil nach England. 1184 sehen wir Bernhard auf dem Hoftag zu Mainz, wo er sich mit seinen ehemaligen Feinden aussöhnt. Fortan gehörte der gelehrte Kämpe zur vornehmsten Gesellschaft und stand mit Kaiser Barbarossa und seinen Lehnsherren, den Erzbischöfen von Köln, in bestem Verhältnis. Wohlwollend wurde ihm gestattet, die Städte Lippstadt (1184) und Lemgo (1190) zu gründen. Im Jahr 1194 – Bernhard lebte damals mit seiner Familie im Schloss der Herrschaft Rheda, die er von seinem Waffenfreund Widukind von Rheda geerbt hatte – erwirkte er schließlich die Erlaubnis, auf dem Falkenberg eine Burg zu errichten. In exponierter Lage entstand eine klassische mittelalterliche Festung mit Hauptburg und Bergfried, einer Vorburg mit großem Torzwinger und einer umlaufenden Ringmauer. Sie war nahezu uneinnehmbar und wurde gleich mehrfach erfolglos belagert. Nach einer Legende war der Erbauer ein großer Marienverehrer, weshalb er als Wappenzier die fünfblättrige Rose wählte, die als lippische Rose sogar ins Wappen von Nordrhein-Westfalen gelangte. Bernhard selbst übergab die Herrschaft kurz nach Fertigstellung der Feste an seinen Sohn Hermann und zog sich gesundheitlich angeschlagen zunächst ins Kloster Marienfeld zurück. Des Kämpfens jedoch noch lange nicht müde, schloss er sich 1210 einem Kreuzzug ins Baltikum an, wo er als Abt und Bischof mit dem Schwert missionierte und diverse Städte, Burgen und Kirchen errichten ließ. Der gewandte Haudegen, der zu den einflussreichsten westfälischen Persönlichkeiten der Stauferzeit zählt,

Eine Ruine, die begeistert: der Grundstein der lippischen Herrschaft.

starb 1224. Anscheinend sind sämtliche Hoheitsrechte der „Herren zur Lippe“ auf jenen alten Recken zurückzuführen, dessen Burg zum Ausgangspunkt einer angesehenen Landesherrschaft im Zeichen der Rose wurde. Als in den 1520er-Jahren die Wasserburg in Detmold zur Residenz der lippischen Grafen ausgebaut wurde, verlor die wackere Höhenburg jedoch an Bedeutung, diente als Steinbruch, verfiel und wurde vergessen. Lippische Burgen gibt es viele, doch keine ist für die historische Burgenforschung so spannend wie die Falkenburg. Zwar ist sie nur noch eine Ruine, doch die erhaltenen Mauerreste bieten einen hervorragenden Eindruck von einer kaum veränderten Adelsburg des Hochmittelalters.

38 Manchmal braucht's ein Wunder
Das Blomberger Kloster

Bis zum 15. Jahrhundert hatte sich die lippische Gründungsstadt Blomberg zu einer wirklich stattlichen Ortschaft gemausert. Doch dann überzogen einmal mehr Krieg und Verheerungen das Land und die Blumenstadt schien dem Untergang geweiht. Die Wende gelang nur dank einer wundersamen Begebenheit, die für erneuten Aufschwung und ein Kloster sorgte.

In den drei parallel verlaufenden Straßenzügen, jenem typischen Merkmal lippischer Gründungsstädte, hatten die Bürger mit Landwirtschaft und zunehmend auch mit gutem Handwerk ein solides Auskommen. Hier ließ es sich gut leben, das meinten auch die lippischen Edelherren, die Blomberg zu Beginn des 14. Jahrhunderts zur Residenz erwählten und die Burg zu einem vornehmen Herrschaftssitz umgestalteten. Während der Soester Fehde (1444–1449) befand der Kölner Bischof jedoch, dass es den edlen Herren viel zu gut ergehe, und führte ein böhmisches Söldnerheer gegen sie zu Felde, das 1447 plündernd und wenig zimperlich die blühende Siedlung dem Erdboden gleichmachte. Die Lage war katastrophal, dennoch machten sich die ehrgeizigen Lipper daran, ihre Stadt wieder neu aufzubauen. Alles was sie dafür benötigten war Geduld – und vielleicht ein kleines Wunder. Und wirklich, nach einigen geduldigen Jahren kam 1460 ein Wunder in Gestalt einer jungen Frau daher. Es wird erzählt, jene Alheyd Pustekoke habe es gewagt, aus der Kirche 45 geweihte Hostien zu entwenden und bei sich zu verstecken. Als man ihr auf die Schliche kam, versenkte sie die heiligen Oblaten in einem Brunnen. Doch man hatte sie beobachtet. Rasch wurde sie verhaftet und dem „peinlichen" Verhör unterzogen. Unter der Folter gestand sie ihre Missetat und wurde vor dem Heutor als vermeintliche Hexe verbrannt. Doch siehe da, als eine alte Frau in den Brunnen fiel, soll sie als junge Maid wieder herausgekommen sein. Kranke, die von dem Brunnenwasser tranken, wurden von ihren Leiden erlöst. Rasch sprachen sich die wunderlichen Begebenheiten herum und lockten Pilger von nah und fern herbei, die in Blomberg für reichlich Umsatz sorgten. Der Brunnen wurde zu einem bekannten Wallfahrtsort, dem die Landesherren bereits 1462 eine kleine Kapelle spendierten. Und die Warteschlange der Wundergläubigen mit reichlichen Gaben im Gepäck wurde immer länger, bis die örtlichen Geistlichen völlig überfordert waren. Um die gestressten Priester zu entlasten, gründete man mit dem Geld der Pilger ein Kloster, das mit schwunghaftem Ablasshandel die Kassen klingeln ließ. Die heute evangelisch-reformierte Pfarrkirche wurde 1473 eingeweiht und beeindruckt bis heute mit ihrem markanten Schaugiebel. Die dreischiffige, annähernd quadratische Hallenkirche gilt – auch ohne Turm – als bedeutends-

Wunder, Wallfahrt, Kirchenbau: eine lippische Erfolgsgeschichte.

ter Kirchenbau Lippes. Blomberg erholte sich und konnte bald wieder aus dem Vollen schöpfen, bis 1530. Als die Ideen Martin Luthers auch den Blomberger Berg erobert hatten, war's mit dem lippischen Wunderding wieder vorbei.

39 Reformation in Farbe
Pfarrkirche Sonneborn

Schnell ist man an dem gedrungenen, weiß gestrichenen Kirchlein mit dunklem Dach vorbei. Schlicht ist sie, bestimmt sehr alt, aber alles in allem doch nur eine weitere Dorfkirche, wie es sie in Lippe viele gibt. Doch weit gefehlt, denn in ihrem Inneren hat das Gotteshaus von Barntrup-Sonneborn eine Kostbarkeit bewahrt, die man in ganz Norddeutschland vergebens sucht.

Jesusbilder in einer Kirche? Ja, wo denn sonst? Doch diese Bilder, die man 1954 bei Renovierungsarbeiten unter einer Schicht Tünche entdeckte, waren 400 Jahre lang verborgen gewesen. Als man 1971 schließlich sämtliche figürlichen Darstellungen samt Rankenmalereien vorsichtig freigelegt hatte, ermöglichten sie einen ungewöhnlichen Einblick in eine höchst verzwickte Epoche der lippischen Kirchengeschichte.

Die erstmals 1381 erwähnte Pfarr kirche zu Sonneborn wurde 1524 mitsamt weiten Teilen des Kirchspiels an die Barntruper Familie von Kerßenbrock verpfändet. Vier Jahrzehnte später gelang es Graf Hermann Simon zur Lippe, das Pfand wieder einzulösen. Um dem im Zuge der Reformation inzwischen etablierten lutherischen Glauben seine Sympathie zu bezeugen, ließ er den gesamten Innenraum mit einem biblischen Freskenzyklus ausmalen. Insgesamt schuf der unbekannte Künstler in der Zeit zwischen 1564 und 1576 rund fünfzig Bilder, in denen nach Vorbild zeitgenössischer Holzschnitte die Hauptstücke des lutherischen Katechismus thematisiert sind. Es handelt sich um Szenen aus der Leidensgeschichte Jesu, Darstellungen des Jüngsten Gerichts und Bilder zu den sieben Bitten des Vaterunsers. Auch die Zehn Gebote werden verständlich illustriert. So die zwei sitzenden Kartenspieler, hinter denen ein Kruzifix hängt und von denen einer den Schwur leistet: „Du sollst den Namen des Herrn, deines Gottes nicht unnützlich führen …“ Weitere vierzig Jahre später, nachdem 1605 in Lippe das reformierte Bekenntnis eingeführt worden war, griff man erneut zum Pinsel und übermalte sämtliche Bilder. Denn während bildliche Darstellungen zur Unterweisung der Leseunkundigen bei Luther durchaus gebilligt wurden, waren sie nach reformierter calvinistischer Vorstellung unzulässig. So fielen seinerzeit zahllose Bilder und Skulpturen in einer Art Bildersturm der Zerstörung anheim. Umso größer die Bedeutung des reichen Bildprogramms von Sonneborn, ein in Westfalen einzigartiges Relikt der Reformation.

Klein, schlicht und in Westfalen einzigartig. ►

40 Die zehn Weisen
Apothekererker Lemgo

Wenn man sich für das Wesen und Werden der lippischen Hansestadt Lemgo interessiert, dann führt kein Weg an ihm vorbei. Er ist ein Glanzstück der Weserrenaissance, ein einzigartiges Kunstwerk mit mannigfachen Details und ein ausdrucksstarkes Zeugnis der Erkenntnisse zu Beginn des 17. Jahrhunderts.

Dem Neuen durchaus zugeneigt, und weil nicht mehr allein die Klöster für die Gesundheit der Menschen zuständig sein sollten, richtete Lemgo für seine Bürger bereits im frühen 16. Jahrhundert die erste und lange Zeit einzige Apotheke in Lippe ein. Im Jahr 1559 bestimmte der Rat den Umzug ins Erdgeschoss des neuen Rathausflügels, wo sie von Ratsherren beaufsichtigt verpachtet wurde. Einzig und allein hier durften Apothekerwaren aller Art bezogen werden. Im Zuge weiterer Umbauten erhielt die Ratsapotheke 1612 jene markante, doppelstöckige Auslucht. Der mit Giebel bekrönte Vorbau aus Buntsandstein geriet zu einem architektonischen Juwel, dessen kunstvoller Zierrat jedem Betrachter mitteilte, welchem Glauben man hier in kirchlicher Hinsicht als auch in Gelehrtendingen anhing. Die seit 1532 evangelische Stadt hatte sich sämtlicher religiöser Einflussnahme, sowohl von katholischer als auch von calvinistischer Seite, erwehren können und war eine überzeugte Enklave des lutherischen Protestantismus geblieben. So macht ein umlaufendes Band mit einem biblischen Sinnspruch deutlich, dass man zwischen den weltlichen Künsten von Apothekern und Ärzten einerseits und der von Luther übersetzten Heiligen Schrift andererseits keinen Widerspruch sah: „Wenn Du krank bist so bitte den Her(r)n und las(s) ab von Sünden so wird er Dich gesund machen Darnach las(s) den Arzt zu Dir denn der Hoechste hat ihn geschaff(en) Die Artznei kommt vom Her(r)n und der Apteker (Apotheker) bereitet sie." Ebenso macht der auf der prominenten Sonnenseite des Erkers positionierte Mediziner Paracelsus, der auch als „Luther der Medizin" bezeichnet wurde, den religiösen Standpunkt mehr als deutlich. Doch Paracelsus ist nur einer von insgesamt zehn halbplastisch dargestellten Gelehrten, deren Porträts den Erker in einem umlaufenden Fries zieren. Die Darstellungen verdeutlichen, dass die medizinische Wissenschaft weder geografische noch kulturelle Grenzen kennt und Fortschritt nach hiesiger Sicht der Dinge nur durch einen Dialog der Kulturen möglich war. So verkörpern von links Pedanius Dioskurides mit einem Kraut und Aristoteles mit einem Zirkel in Händen die antiken Begründer von Pharmazie und Naturwissenschaft. Es folgen der islamische Arzt Rhazes sowie die antiken Schulmediziner Claudius Galenus und Hippokrates. Weiter rechts schließen sich die drei „Philosophen" an: der sagenhafte Hermes Trismegistos Aegyptus mit seinen mittelalterlichen Schülern in

Beeindruckende Architektur und ein Who's who der Medizingeschichte.

Morgen- und Abendland Raimundus Lullius Hispanus und Geber Arabs. Die Südseite ist schließlich zwei berühmten Ärzten der Frühen Neuzeit vorbehalten: Andreas Vesalius (1514–1564), Begründer der Anatomie, und dem erwähnten Theophrastus Paracelsus Germanus (1493–1541). Es ist zu vermuten, dass das gelehrte Bildprogramm vom damaligen Ratsapotheker Wolrad Ferber entwickelt wurde, der es nach Vorlagen in medizinischen und alchimistischen Büchern zusammenstellte. Die Gestaltung ist beeindruckend, zumal die zehn Weisen auch heute noch zu den wichtigsten Größen der Medizingeschichte zählen.

41 Keinen Fußbreit weichen

Das Rampendahl-Denkmal

Das Krüwelhaus zu Lemgo, das mit seinem wunderschönen Renaissancegiebel und dem spektakulären Beinamen „Hexenbürgermeisterhaus" die Touristen lockt, steht für eine der dunkelsten Phasen der lippischen Vergangenheit. Ein historisches Highlight ist hingegen der „Stein des Anstoßes", der an die letzte in Lemgo der Hexerei bezichtigte Person erinnert.

Als die Schergen im April 1681 kamen, um die Frau des Barbiers im Auftrag des Bürgermeisters festzunehmen und in einem Prozess der Hexerei zu überführen, hatte sie keine Chance. Bereits kurz nach dem Dreißigjährigen Krieg war der spätere Bürgermeister Hermann Cothmann in seine Heimatstadt zurückgekehrt und hatte sich daran begeben, seine Karriere und seinen Reichtum zu befördern, mit allen Mitteln. Listig machte er sich den grassierenden Aberglauben um die Hexen zunutze. Und schon bald konnte niemand ihn und seine Clique noch stoppen. Sie taten, so hieß es später in einer Klageschrift, „was sie wollten, denn sie waren Kommissare und Magister, Brandmeister, Ankläger, Richter und Henker zugleich und brauchten keine Verantwortung ihrer Prozeduren zu geben." Selbst angesehene Bürger wurden kurzerhand angeklagt, unter der Folter zum Geständnis gezwungen und hingerichtet. Wer es wagte sich zu beklagen, musste mit empfindlichen Strafen rechnen. Und während die Geistlichkeit das Treiben unterstützte, zeigte sich sogar der Henker empört. Spätestens ab 1667, als Cothmann zweiter Bürgermeister wurde, war Lemgo weithin als „Hexennest" berüchtigt. Insgesamt fielen hier 272 Menschen dem Hexenwahn zum Opfer. Doch auch in anderen Orten loderten die Scheiterhaufen und forderten in Detmold 19, in Barntrup zehn und in Horn 24 unschuldige Menschenleben. Niemand konnte sich dem Lemgoer „Hexenbürgermeister" entgegenstellen, der sich u.a. drei Häuser und 22 Gärten

Ein Stein der Mahnung und Ermutigung.

Das Haus des „Hexenbürgermeisters“ erinnert an dunkelste Jahre.

aneignete und sich obendrein noch dreist von allen Abgaben befreite.

Maria Rampendahl jedoch, sie war gerade Mitte 30, widerstand 1681 der mehrstündigen Folter und bestand darauf, keine Hexe zu sein. Sie überlebte die Haft – vermutlich mit Hilfe des Henkers – und wurde auf ewig der Stadt verwiesen. Gemeinsam mit ihrem Gatten und den Kindern gelangte die schwer misshandelte Frau nach Rinteln, von wo aus sie eine Klage anstrebte. Wie zu erwarten scheiterte die Klage gegen die Machenschaften der Lemgoer Obrigkeit. Dennoch ging in diesen Tagen eines der grausigsten Kapitel lippischer Landesgeschichte seinem Ende entgegen. Cothmann starb 1683, während Maria Rampendahl bis 1705 an einem besseren Ort weiterlebte. 1994, über 300 Jahre später, wurde ihr stellvertretend für alle anderen Opfer vor St. Nicolai ein Denkmal gesetzt. In der Inschrift heißt es: „Ich werde keinen Fußbreit weichen.“ Sie versteht sich als Warnung und Erinnerung für uns alle. Und weil die Rehabilitation sämtlicher Opfer noch längst nicht überall geschehen ist, ist das Rampendahl-Denkmal nichts weniger als ein historischer Höhepunkt.

42 Eine Heimat für die Welt
Lippisches Landesmuseum Detmold

Darin kann man sich wahrlich verlieren. Denn die große Schausammlung der Lipper ist eher ein Welt- denn ein Landesmuseum, in dem man sich lediglich für die üblichen Verdächtigen begeistert. Seit seinen bescheidenen Anfängen im Jahr 1835 hat es sich zum größten Museum der Region entwickelt, mit Sammlungen von internationalem Rang.

Man mag es vielleicht nicht sofort glauben, aber so sehr der Lipper an sich am vertrauten Kirchturm und heimischer Krume hängen mag, so neugierig ist er doch auf die große, weite Welt. Als die ersten Wissbegierigen des Landes zu Beginn des 19. Jahrhunderts von ihren Reisen zurückkamen, fanden sie in der Heimat ein sehr aufmerksames Publikum vor, das gespannt den Geschichten aus der Fremde lauschte. Und wenn die reisenden Abenteurer, die zumeist Kaufleute oder Militärs waren, auch noch Exemplare jener exotischen Dinge mitbrachten, dann war des Staunens kein Ende. All ihre Andenken, Geschenke und Beweisstücke wurden liebevoll aufbewahrt und schließlich in einer Art Wunderkammer der Welt zur Schau gestellt – die Geburtsstunde des Naturhistorischen Museums zu Detmold. Heute kann der Besucher seine Neugierde auf etwa 5.000 Quadratmetern in sieben Abteilungen zu stillen versuchen, die es sämtlich in sich haben. Gerade noch hat man sich über das Aye-Aye mit seinem langen Mittelfinger gewundert, dem Eisbären tief in die Augen geschaut und eine riesige Blitzröhre bestaunt, schon steht man vor fürstlichen Uniformen, hundert Jahre alten Trachten und einem originalen Prinzessinnenkleid aus der Renaissance. War man gerade noch in einem begehbaren Safe, um über römische und lippische Münzen zu fachsimpeln, so steht man drei Ecken weiter bereits vor einem frühneuzeitlichen Gemäldezyklus, der

Von Heimatkunde bis …

… Naturwissenschaften: ein Museum, das begeistert.

in den 1930er-Jahren auf einem Dachboden gefunden wurde. Nach weiteren Räumen, Gängen und Ecken findet man sich unversehens in der dämmerigen Enge eines Pharaonengrabes wieder, staunt über zahllose farbenfrohe Gefäße mittelamerikanischer Indianer und versucht die Bedeutung jener ungewöhnlichen Figuren aus dem Herzen von Afrika zu erfahren. Treppauf geht es zur Abteilung für Möbel und Innenarchitektur, wo man sich bei vielen namhaften Designklassikern fragt, ob die Entwürfe tatsächlich zur Benutzung gedacht waren. Wieder treppab geht es in eine riesige Tenne, wo schließlich auch die „üblichen Verdächtigen" der westfälischen Heimat in angemessener Ausführlichkeit vorgestellt werden. Neben einer feinen Auswahl von Ackergeräten, Handwerkzeugen und Fahrzeugen kümmert man sich ausführlich um den Hermann, sein Denkmal und seinen Mythos. Noch etwas Steinzeit oder Erdgeschichte gefällig? Kein Problem. Doch lieber ein wenig Römerzeit, ein paar barocke Gemälde oder Einblicke in die bürgerliche Wohnkultur? Alles da. In der Tat, in diesem Museum kann man sich in jeder Beziehung verlieren. Hinter jeder Tür, in jeder Vitrine und in sämtlichen Ecken verbirgt sich etwas Neues, das es zu entdecken gilt. Eintönigkeit und verstaubte Langeweile sucht man hier jedoch vergebens, erst recht, wenn man sich an die Fersen eines Museumsprofis heftet, um die gewaltige Vielfalt zu erkunden. Echte Museumsfans sind daher Wiederholungstäter, die sich jedes Mal darüber wundern, was ihnen immer noch verborgen geblieben ist. Manche von ihnen geben sich hier sogar das Ja-Wort, je nach Vorliebe im prunkvollen Barocksaal, in der stimmungsvollen Kirchenhalle oder doch lieber im tropischen Ambiente des Naturkundehauses. Und noch jeder, der sich hier verloren hat, hat auch den Ausgang gefunden.

43 Hermann, German, Superstar

Das Hermannsdenkmal

Was ist gewaltig groß, grün und nicht der unglaubliche Hulk? Wer tritt mit Schwert, Flügelhelm und Sandalen gegen die Römer an und ist kein Gallier? Wer taucht sowohl im Guinness-Buch der Rekorde als auch bei der „Sendung mit der Maus" auf? Keine Frage, Hermann ist der größte, bekannteste und beliebteste Lipper, den es gibt.

Selbstverständlich, ein Buch mit Lippe im Titel ist ohne ihn kaum denkbar, selbst wenn vermutlich jedes Kind seine Geschichte im Schlaf hersagen könnte. Aber so ist es nun einmal. Seit man den Hermann auf den Sockel gehievt und ihn 1875 in Anwesenheit von Kaiser Wilhelm und einer nicht zu überschauenden Zuschauermenge eingeweiht hat, ist er einfach die größte, bekannteste und am häufigsten besuchte Denkmalfigur des ganzen Landes. Mit einer Gesamthöhe von 53,46 Metern war er bis 1886 sogar die höchste Statue der westlichen Hemisphäre, bis ihn Miss Liberty im Hafen von New York um fast vierzig Meter überragte. Und egal wie häufig man sich bereits an den Aufstieg auf die Grotenburg nahe Detmold gemacht und dabei sogar einen neugierigen Blick in die kleine Hütte seines Erbauers Ernst von Bandel geworfen hat, angesichts des gewaltig aufragenden Kolossalmonumentes fühlt man sich stets mickrig und unbedeutend. Der Hermann ist schlicht das Highlight Lippes: technisch, historisch, touristisch und immer wieder auch politisch. Zugegeben, mit seinem selbstherrlichen Blick in Richtung Westen und dem bedrohlich erhobenen Schwert vom größten Waffenproduzenten der Zeit ist er beileibe kein Ausbund an Political Correctness. Und für welche hehren Ideen und Ideologien der Krieger im kurzen Rock nicht alles herhalten musste. Man sah ihn als Symbol des Sieges über den Feind, als Bekenntnis der nationalen Einigkeit, im Kulturkampf als Kampfansage gegen Rom bzw. den romtreuen Katholizismus und als „germanisches" Sinnbild gegen vermeintliche Reichs- und Volksfeinde. Heute ist man sich weitgehend einig darüber, dass der 43-Tonnen-Hüne zum einen an der falschen Stelle steht (weil die „Varusschlacht" wahrscheinlich ganz woanders stattfand) und zum anderen, dass der grüne Recke heute in erster Linie an die Einheit Deutschlands und den Frieden aller Nationen appellieren soll. Und nein, das Umherklettern in der hohlen Statue ist nicht untersagt worden, weil einst zwei Kinder aus Hermanns Nasenlöchern in die Tiefe stürzten …

Groß und grün mit Schwert und Helm: der größte Lipper aller Zeiten.

44 Dem Oerl auf der Spur

Archäologisches Freilichtmuseum Oerlinghausen

Wer jener Mann namens Oerl war, dessen Nachfahren einst das lippische Oerlinghausen gründeten, wissen wir nicht. Doch Hermann Diekmann ließ nicht locker und kam ihm in den 1920er-Jahren zumindest auf die Spur. Er fand Überreste uralter Behausungen, die er kurzerhand für germanisch erklärte und darauf das älteste archäologische Freilichtmuseum der Welt errichtete.

Die ältesten menschlichen Spuren in Lippe sind an den Hängen des Teutoburger Waldes zu finden. Zumeist in den trockenen, windgeschützten

Tälern auf der Südseite. Hier fand man Speerspitzen und Werkzeuge, Schmuck und Gräber von der Altsteinzeit (ca. 8000 v. Chr.) bis zur vorrömischen Eisenzeit (750–50 v. Chr.), also jener Zeit, als man die hiesigen Bewohner als Germanen bezeichnete. Jene Relikte allerdings, die Diekmann 1926 bis 1931 im Boden fand und pauschal in die germanische Epoche datierte, waren sehr viel jünger. Es handelte sich um einen Siedlungsplatz, der besonders in der frühmittelalterlichen Zeit (8./9. Jh. n. Chr.) frequentiert wurde. Seine pädagogisch motivierte Idee, an jener Fundstätte ein möglichst originalgetreues Germanengehöft zu errichten, wurde von den Fachleuten zunächst abgelehnt. Das änderte sich mit der Machtergreifung der Nazis, die es bekanntlich mit wissenschaftlichen Expertisen nicht so genau nahmen, besonders wenn ein wenig völkische Propaganda unters Volk gebracht werden sollte. In diesem Sinne entstand in Oerlinghausen ein bunt inszeniertes Freilichtmuseum, das sich ideal für „germanische" Theateraufführungen, Sonnenwendfeiern und Kostümumzüge eignete. Zur Eröffnung 1938 eilten daher allerhand hohe Nazi-Chargen herbei. Gegen Ende des Krieges verwilderte die Anlage zusehends, wurde schließlich verkauft und abgebaut. Doch Diekmanns Idee war beharrlich und konnte, finanziert von privaten Spenden, erneut umgesetzt werden. 1961 eröffnete das neue Germanengehöft. Da es seinerzeit das einzige nicht römische Freilichtmuseum weit und breit war, strömten die Besucher in Scharen herbei. Das abermalige Ende kam 1973, als der „cheruskische Grenzbauernhof um die Zeitenwende" ein Raub der Flammen wurde. Ein dritter Anlauf erfolgte 1979, bei dem die Geldgeber diesmal darauf bestanden, den neuesten Erkenntnissen zu folgen. Anstatt eines „Germanengehöftes" entstand ein Open-Air-Museum, für das die wissenschaftlichen Ergebnisse der modernen Archäologie Pate standen. Eingebettet in die Kulturlandschaften der jeweiligen Epochen können die Besucher in das Leben unserer Vorfahren eintauchen – vom eiszeitlichen Zelt der Rentierjäger bis hin zum frühmittelalterlichen Hallenhaus. Eine museale Pioniertat, die inzwischen zahlreiche Nachahmer gefunden hat. Zwar kennt man jenen Oerl noch immer nicht, aber man kommt ihm kurzweilig ein bisschen auf die Spur.

Archäologie, Ausstellung, Open Air: eine museale Pioniertat.

45 Ein Dorf geht verloren
Sennesiedlung Haustenbeck

Siedlungen, die verlassen wurden und wüst fielen, sind keine Besonderheit. Auch in Lippe geschah das häufig im Zuge von Stadtgründungen oder infolge von Kriegen, Seuchen oder Missernten. Die Einwohner des Senneörtchens Haustenbeck indes mussten ihr fast 300 Jahre altes Dorf aus ganz anderen Gründen verlassen …

Damit die Kaufleute zukünftig den Weg durch die Senne nehmen und damit hübsche Zolleinnahmen garantieren würden, sorgte Graf Hermann Adolf zur Lippe für ordentliche Wege und einen „Rastplatz". An diesem Haltepunkt inmitten der Senne wurde im Jahr 1659 das Dorf Haustenbeck gegründet. Trotz verlockender Anreize verlief die Ansiedlung zunächst nur schleppend. Doch es gelang schließlich, sodass der Ort bereits 1677 eine eigene Kirche bekam und in seiner Blütezeit rund 2.000 Einwohner zählte. Doch was den Grafen erfreute, sorgte bei den Nachbarn für Unmut, sah man sich doch in einigen angestammten Rechten beschränkt. Der Streit eskalierte und 1691 rief der Bürgermeister von Lippspringe sogar zum Kreuzzug gegen Haustenbeck auf. Die Zerstörung konnte nur knapp abgewendet werden. Es folgten endlose, zähe Verhandlungen zwischen Paderborn und Lippe, die erst 1715 mit neuen Bestimmungen endeten. Fortan führte das idyllisch gelegene Haustenbeck ein bescheidenes und friedliches Dasein, das im Jahr 1937 mit einer Anordnung der Nazis abrupt endete. Es traf die Nachricht ein, dass das gesamte Dorf der Erweiterung des Truppenübungsplatzes weichen sollte. Etwa 1.300 Bewohner mussten ihre Siebensachen packen und sich eine neue Bleibe suchen. Am 26. November 1939 fand in der Kirche schließlich der letzte Gottesdienst statt. Zwar fanden am Ende des Krieges einige Flüchtlinge in den verlassenen Häusern vorübergehend einen Unterschlupf, sie mussten diese jedoch verlassen, als die britische Rheinarmee das Gelände übernahm.

Das Dorf Haustenbeck existiert nicht mehr. Im ehemaligen Dorfkern ist lediglich die weitgehend abgetragene Ruine der Kirche zu erkennen, die heute unter Denkmalschutz steht. Hier und da bezeugen vereinzelte Mauerreste und alte Obstbäume von der Existenz einstiger Höfe. Erhalten hat sich die Erinnerung vieler Lipper an ein beschauliches Leben inmitten der Senne. Und ein über 40 Meter hoher militärischer Beobachtungsturm von 1941. Er dient heute Greifvögeln als idealer Nistplatz.

1659–1939: die Lebensdaten einer Siedlung.

46 Der Sound der Jahrhunderte
Akademie Burg Sternberg

Auf über 300 Metern Höhe und hinter dicken Mauern kann man am Rande der Gemeinde Extertal dem Sound vergangener Epochen lauschen. Nach vielen Jahrhunderten hat die imposante Burg Sternberg ihr kriegerisch-trutziges Wesen abgelegt und sich in einen Ort für feinste Musikkultur verwandelt. In ihrem Herzen ist sie nun ein „Klingendes Museum".

Auf dem exponierten Vorsprung des Dörenberges wurden vermutlich schon um 1100 die ersten Mauern errichtet, die dann kontinuierlich erweitert und verbessert wurden. Die Burg mit einem ersten stattlichen Wohnturm ließ Graf Heinrich III. von Schwalenberg um 1240 aufbauen, der sich bald darauf als Erster „von Sternberg" nannte. In der wechselvollen Geschichte der Burg änderten sich die Besitzverhältnisse mehrfach. 1405 gelangte sie samt

Grafschaft in den Besitz der Grafen zur Lippe. Und jedes Mal, wenn das Bollwerk abbrannte (1430) oder „gebrochen" (1444) wurde, errichtete man sie wieder neu, sodass sie auch dem Ansturm des Kölner Erzbischofs widerstand, der mit 15.000 Mann angerückt war. Bis ins 18. Jahrhundert hinein war die Burg stetiger Zankapfel zwischen den Grafenhäusern, wurde umgebaut, besetzt und verpfändet. 1781 gelang es dann dem lippischen Grafenhaus, das Ensemble vom englischen Thron zurückzukaufen. Es folgten zahlreiche weitere An- und Umbauten, bis sie um 1880 in etwa ihr heutiges Aussehen erhielt. Fortan wurde die Feste als Oberförsterei, Gaststätte und Jugendherberge genutzt, bis 1935 die SS einzog und eine sogenannte „Bräuteschule" einrichtete und Luftwaffenersatzteile lagerte. Als in den letzten Kriegstagen die Alliierten anrückten, ignorierte der Kommandant Peter Harlan den Befehl, die Burg zu sprengen. Anstatt einige Fässer Benzin zu entzünden, sorgte der Luftwaffenoffizier dafür, dass die Burg kampflos übergeben wurde. Harlan, der eigentlich Musikinstrumente baute und die Laute spielte, sorgte anschließend auch dafür, dass die Burg ihr kriegerisches Image loswurde, indem er das massige Gemäuer pachtete und Instrumente baute und sammelte. Rasch wurde Burg Sternberg zu einer wichtigen und weithin bekannten Stätte der Musikerziehung, bei der das Vorführen, das Nachbauen und das Spielen alter Instrumente im Mittelpunkt stand. Harlans umfangreiche Sammlung historischer Instrumente nennt sich heute „Klingendes Museum" und ist Anziehungspunkt für viele Musikliebhaber. Die Akademie bietet die unterschiedlichsten Workshops und Kurse an, in denen man sich auf vielfältige Weise dem Sound von Mittelalter, Renaissance und Barock annähern kann. Es ist beeindruckend, wenn mit Kniegeige, Vihuela und Psalterium Klänge erzeugt werden, denen das uralte Gemäuer schon vor Jahrhunderten lauschen durfte. Dann möchte man wahrlich meinen, den gräflichen Burgherren von einst würde es belieben, das Tanzbein zu schwingen. Zudem veranstaltet die Lippische Kulturagentur im „Rittersaal" regelmäßig eine eigene, hochkarätig besetzte Konzertreihe für alte und klassische Musik.

Einst trutzig, heute klingend: die Burg auf dem Sternberg.

47 Die Gegenwart bleibt draußen
LWL-Freilichtmuseum Detmold

Was am Ende eines Museumstages hier das Spannendste, Eindrucksvollste oder Schönste war, darüber gibt es wohl so viele Ansichten wie Besucher. Und seit seiner Eröffnung im Jahr 1971 sorgt das Freilichtmuseum Detmold immer wieder für neue Highlights, die einen abermaligen Besuch mehr als lohnenswert machen.

Man könnte den Eindruck gewinnen, hier sei ein wenig Magie oder vielleicht Science-Fiction am Werk. Denn hat man erst die Eintrittskarte gelöst und den Eingang hinter sich gelassen, dann fühlt es sich an, als beträte man eine andere Zeit. Das 21. Jahrhundert bleibt draußen und vor einem liegt eine 90 Hektar große Zeitkapsel mit etwa 120 vollständig eingerichteten historischen Gebäuden aus elf unterschiedlichen Kulturlandschaften. Es eröffnet sich eine fantastische Welt, in der über ein halbes Jahrtausend bäuerliches Leben und westfälische Alltagskultur lebendig werden. Bereits seit 1966 wird vor den Toren Detmolds an dem größten Freilichtmuseum Deutschlands gebaut, das dann nach sechs Jahren erstmals seine magischen Tore öffnete. Seither beeindrucken die gewaltigen Hofstellen aus verschiedenen Regionen Westfalens, während die Heuer-, Kötter- und Tagelöhnerhäuser vom harten Leben jener Tage erzählen. Dazwischen hört man es in den historischen Werkstätten rumoren, Müller, Bäcker oder Schuster ihrem Tagwerk nachgehen. Dort erklingt ein Schmiedehammer, dahinten surrt eine Töpferscheibe, da vorne schnattert eine aufgeregte Schar Lippegänse durch einen Bauerngarten und vom schiefen Holzzaun beäugen Bentheimer Landschweine die Szene. Eine wunderschöne Kirchschule am Wegesrand lohnt einen Blick, dahinter ragt – wie bei Wilhelm Busch – eine Windmühle empor. Hier das vollverschieferte Pfarrhaus, dort das vollständige Fotoatelier von 1891 und sogar eine originale Tankstelle aus den 1960er-Jahren. Und endlich, mitten im „Paderborner Dorf“ bietet die Gaststätte „Im weißen Ross“ Gelegenheit zum gemütlichen Verschnaufen. Oder lockt das Bistro im „Sauerländer Dorf“ mehr? Mit dem Pferdewagen ist der Weg zurück schnell gemacht. Auf jeden Fall sollte man sich

Von Heuerhaus bis …

… 60er-Jahre-Tankstelle: westfälische Alltagskultur bezaubert.

nicht das jüngste Highlight der Anlage entgehen lassen: Der hölzerne Aussichtsturm nach fotografischen Vorbildern um 1920 bietet einen prima Überblick über die Gesamtanlage. In 14 Metern Höhe kann man das 21. Jahrhundert noch so eben erkennen, irgendwo dahinten, hinterm Horizont.

48 Ferne Heimat

Museum für russlanddeutsche Kulturgeschichte

Als sich vor rund 250 Jahren auch in Lippe zahlreiche Bewohner aufmachten, um in den fernen Weiten Russlands ihr Glück zu suchen, war das sicherlich kein Höhepunkt der heimischen Historie. Dass jenen Ausgewanderten, Eingewanderten und Zurückgewanderten ein eigenes Museum gewidmet ist, hingegen schon.

Schuld war Katharina die Große. Die Zarin schaute auf ihr riesiges Reich und beschloss, die weiten Brachflächen an der Wolga oder am Schwarzen Meer endlich in ersprießliche Ländereien zu verwandeln. Jedem Kolonisten, der

ihrem Ruf folgen würde, stellte sie Land zur Verfügung, versprach ihm Steuervergünstigungen, eine finanzielle Starthilfe und legte als ganz besonderes Bonbon die Befreiung vom Kriegsdienst obendrauf. Wer wollte da schon Nein sagen? Ihr Ruf wurde erhört, auch in Lippe, wo die Landbevölkerung seinerzeit alles andere als optimistisch in die Zukunft blickte. Und so zogen in der zweiten Hälfte des 18. Jahrhunderts Abertausende Bewohner deutschsprachiger Gegenden in verschiedene Regionen des Russischen Reiches – eine Migrationsgeschichte, die über viele Generationen bis in unsere Tage reicht.

Dort in der Ferne erwiesen sich die deutschsprachigen Siedler vielerorts als höchst versiert und konnten in ihren autonomen und privilegierten Kolonien ihr besonderes historisches und kulturelles Erbe bewahren. Je nach Herkunft pflegten sie ihre Mundart, hielten an ihren jeweiligen Überlieferungen und Konfessionen fest und entfalteten eigene Bräuche und Sitten. Diese riesige Gruppe deutschsprachiger Migranten, die trotz aller Unterschiede von außen als „russlanddeutsche“ Gemeinschaft betrachtet wurde, verlor ihre Begünstigungen in den 1870er-Jahren. Es folgten die Phasen erneuter Auswanderungen nach Sibirien und Kasachstan oder auch nach Nord- und Südamerika, es kamen Zeiten der Verfolgungen, Deportationen und Zwangsarbeit, das Verbot der eigenen Sprache und Kultur und schließlich die massenhafte Aussiedlung in die Bundesrepublik. Das Detmolder Museum, das in den 1990er-Jahren als kleine, private Sammlung begann, hat es sich zur Aufgabe gemacht, diesen Bereich der gemeinsamen deutschen, aber auch gemeinsamen russischen und europäischen Geschichte zu beleuchten. Es geht um die zahlreichen Facetten von Auswanderung, Migration und Integration, damals und heute. Eine Sammlung, die dabei hilft, die Gesellschaft und damit sich selbst zu verstehen. Und so steht noch immer die Grundidee des Gründers im Fokus, dass „Menschen ohne Vergangenheit keine Zukunft haben können.“ Eindeutig ein historisches Highlight, mit (leider) hoher Aktualität in Politik und Alltag.

Aus-, Ein- und Zurückwandern einstmals und jetzt.

49 Hansastolz und Blaue Wolke
Tabak- und Zigarrenfabrik Steneberg

Ihre erlesenen Namen lauteten Commandant Fehlfarben, Hansastolz und Santa Polo, und sie sorgten dafür, dass man sich den zunehmenden Konsum von Tabakwaren auch in Lippe zunutze machen konnte. Die Zigarrenfabrik Steneberg war die erste industriell produzierende Fabrik in Barntrup. Zeitweise fanden hier über 300 Mitarbeiter Beschäftigung.

Alles begann in einem Wohn- und Arbeitshaus an der Mittelstraße, wo Heinrich Friedrich Christof Steneberg im Jahr 1805 sein Unternehmen für Gemischtwaren und Zigarren aus der Taufe hob. Die getrocknete, gerollte und in Form gepresste Qualmware entstand zumeist in Heimarbeit oder im Hinterzimmer des Steneberg'schen Ladens. Dort saßen die Angestellten bei schlechter Luft und noch schlechterem Licht und fertigten die Glimmstängel, die man vorne am Verkaufstresen immer häufiger verlangte. Nach einem verheerenden Stadtbrand erwarb die Familie ausreichend Grund, auf dem sie 1861 eine zeitgemäße Fabrik errichtete, in der die Stumpen industriell gefertigt wurden. Fortan konnten die etwa vierzig angestellten Frauen und Männer bei besserer Beleuchtung und besserer Durchlüftung noch besser und effektiver arbeiten. Die Produktionszahlen stiegen rasch, ebenso die Anzahl der angestellten Zigarrenmacherinnen und -macher und die „STEBALI"-Zigarre (Steneberg-Barntrup-Lippe) wurde zum bekannten Markenzeichen der Stadt. Schließlich konnte die erfolgreiche Unternehmerfamilie im Jahr 1883 ihre gediegene Fabrikantenvilla beziehen, hinter der sich große Lagerräume, die Zigarrenmachersäle, eine Sortiererei sowie das Meisterhaus anschlossen. Um 1900 zählte die Firma neben zahlreichen Heimarbeitern bereits 100 Angestellte, die aus ausgesuchten Überseetabaken edle Zigarren rollten. Für den kleineren Geldbeutel bezog Steneberg seinen Rohstoff aus der Pfalz oder dem Eichsfeld. Zunehmend wurden auch Feinschnitttabake angefragt, die man als „Blaue Wolke", „Orinoco Canaster" oder „Abendbummel" unter das Volk brachte. Die Expansion schritt gewaltig voran und man baute eine eigene Kistenmacherei, eine Schmiede und ein Verwaltungsgebäude an. So entstand ein umfangreicher Gebäudekomplex, der inklusive Chef-Villa bis 1934 von einem eigenen Dampfkesselhaus mit Strom versorgt wurde. 1936 standen hier über 350 Leute in Lohn und Brot. Geraucht wurde immer und überall, sodass die Barntruper Fabrik auch den Zweiten Weltkrieg und die schwierige Nachkriegszeit schadlos überstand. Dennoch war 1961 die letzte „STEBALI" geraucht und die Firma aus dem Handelsregister gelöscht.

Eine Rechnung zeigt die Steneberg-Fabriken mit Direktorenvilla. ►

18

99

Sch.
AUG.CHR.STENEBERG
ZIGARREN- UND ZIGARILLOSFABRIKEN
GEGRÜNDET I. J. 1805
BARNTRUP i. LIPPE

TELEGR.-ADR.: AUGUST STENEBERG BARNTRUP
FERNSPRECHER NR. 148.
POSTSCHECK-KONTO: HANNOVER 893.
SPARKASSE BARNTRUP.
REICHSBANK-GIRO-KONTO LEMGO.

K. Nr. 2583
Bitte bei Zuschriften angeben.

31. Juli 1937

Herrn Eli Schäfer
Kolw.- Handlung

Humfeld
i/Lippe

RECHNUNG über die durch Herrn Bödeker bestellten War

laut Anlage

Sandte Ihnen für Ihre Rechnung und Gefahr durch XX mein Auto

A. St. Nr. 2583 1 Paket

	Banderole °/oo	Banderole Gesamtbetrag RM.	Banderole Gesamtbetrag Rpf.	Warenbeträge °/oo	Warenbeträge Gesamtbet RM.
5/2o Kst. 212 Stadtwürde	34.5o	8	63	76.--	19
5/2o Kst. 161 Santa Polo	34.5o	8	62	78.--	19

2 6 3

Porto :	Verpackung :	Versicherung :		38
o 4o			17 25	17

50 Im Zeichen der Katze
Hoffmann's Stärkefabriken

Das „Bad" im Namen macht deutlich, dass sich Bad Salzuflen in erster Linie der Ruhe, Erfrischung und Genesung verschrieben hat. Dass sich hier bis um 1900 auch das leistungsstärkste, europaweit agierende Wirtschaftsunternehmen Lippes entwickelte, wird häufig übersehen. Aber Hoffmann's Katze, die kennt man bis heute.

Weil Vater etwas auf sich hielt, ging er nie ohne gestärkten Kragen und Manschetten vor die Tür, auch Mutters Hausschürze stand wie eine Eins, erst recht die Rüschen an ihrer Bluse. Und was sollten bloß die Nachbarn denken, wenn die Gardinen nur schlapp vor den Fenstern hingen? Um die Wäsche ordentlich in Form zu bringen, nutzten erfahrene Hausfrauen das Stärkemehl aus Kartoffeln, das sie zumeist selber herstellten.

1850 gelangte der findige Kaufmann Heinrich Salomon Hoffmann nach Salzuflen. Auf dem Kuhkamp vor dem Ostertor eröffnete er eine Fabrik, in der er und ein Arbeiter mit einer kleinen Dampfmaschine und einem Göpelpferd eben jene Kartoffelstärke herstellte. Wer konnte ahnen, dass sich aus diesen bescheidenen Anfängen in nur 50 Jahren der größte europäische Stärkeproduzent entwickeln sollte, zumal der Firmengründer bereits 1852 verstarb? Sein vierter Sohn, der nur zwanzigjährige Eduard, übernahm die Firma und die Gewebe versteifenden Pülverchen aus Kartoffeln, Mais, Weizen und später auch Reis wurden zum Renner. Immer mehr Arbeiter wurden angeworben, die Produktpalette um Speisestärke erweitert, die Fabrik ausgebaut und ergänzt. Fedor Flinzer, einer der bedeutendsten Illustratoren der Gründerzeit, schuf 1876 jenes weltbekannte Markenzeichen: Hoffmann's Katze. Als sich 1887 Hoffmann's Stärkefabriken AG gründete, war die Fabrik bereits ein Großbetrieb, der mit über tausend Beschäftigten einen

ganzen Stadtteil bildete. 1897 besuchte sogar die Mutter von Kaiser Wilhelm II. die damals größte Reisstärkefabrik der Welt, die mit einem eigenen Anschluss an die Eisenbahn, eigener Werkspferdebahn, einer gut ausgebildeten Werksfeuerwehr sowie zahlreichen Werks- und Dienstwohnungen den Fortschritt anführte. Und wer „auf Hoffmann's" arbeitete, durfte sich in „Hoffmann's-Consum-Anstalt" mit allem Lebensnotwendigen versorgen. Damit nicht genug, kamen die Mitarbeiter lange vor Einführung der gesetzlichen Krankenkassen in den Genuss einer Betriebskrankenkasse sowie einer Pensions- und Unterstützungskasse. Und damit sich die Kollegenschar auch am Feierabend in der Obhut der weißen Mieze wohlfühlte, gehörten bald sogar eine Bibliothek und ein Kasino, ein Kegel- und Gesangsverein sowie eine Musikkapelle zu den Werken. Den jährlichen Höhepunkt bildeten die Betriebsausflüge, zu denen die gesamte Belegschaft samt Familie eingeladen war – die Firma zahlte alles. Weil aber Kragen und Manschetten, Rüschen und Gardinen längst ohne versteifende Stärke ihre Form wahren, wurde die Produktion am Standort Bad Salzuflen 1990 eingestellt. Auf dem Areal, wo Heinrich Salomon Hoffmann vor 170 Jahren echten Pioniergeist an den Tag und den Grundstein für eine lippische Erfolgsgeschichte legte, entstand seither der Hoffmannspark; ein zukunftsträchtiger Stadtteil mit Gesundheitszentrum, Gewerbe und Wohnungen.

Erfolg mit Stärke: lippischer Pioniergeist in Bad Salzuflen.

51 Lippische Blütezeit
Die Nelkenstadt Blomberg

Blomberg war und ist berühmt. Früher für seine Schuhe, später für seine Stühle, dann für die Erfindung der Buchenholz-Sperrholzplatte und heute für innovative Elektrotechnik. Außerdem ist Blomberg Heimatort von Altbundeskanzler Schröder, war Schulort von Bundespräsident Steinmeier und – last not least – Ursprungsort von Abermillionen Nelken.

Das kleine Städtchen, das sich mit seinen engen Gassen, dem einzigen erhaltenen Stadttor Lippes und feinen Fachwerkhäusern rings um eine Bilderbuchburg tummelt, trägt seinen Namen zweifellos zu Recht: „Blomberg de Bloeme“. Man ist sich allerdings uneins, ob sich der Name von einem mit Blumen bestandenen Berg oder von der lippischen Rose im Wappen des Gründers ableitet. Eine weitere Berechtigung, sich als „Blumenstadt“ zu bezeichnen, erfuhr Blomberg ab dem frühen 19. Jahrhundert. Die Epoche des Biedermeier war heraufgezogen, eine Zeit, in der sich die braven Bürger ins eigene Heim zurückzogen und ihre bürgerlichen Tugenden beweihräucherten. Die Wohnstuben elegant eingerichtet, die Farben freundlich, alles verströmt Gemütlichkeit und privates Wohlbehagen. Die adrett gekleideten Kinder umringen die liebevolle Mutter, während der sanfte Blick des Familienoberhauptes auf der Szene ruht. Das i-Tüpfelchen dieser konservativen Spießigkeit war stets ein Strauß farbenfroher Nelken, der in keiner Postkartenidylle fehlen durfte – und vermutlich aus Blomberg kam. Alles begann im Jahr 1805, als Freiherr von Ulmenstein auf Burg Blomberg seinen Dienst als Amtmann antrat. Sein Hobby war die Blumenzucht, besonders von Nelken, die gerade sehr in Mode kamen. Der Freiherr bewies einen grünen Daumen und züchtete aus einigen holländischen Samen etwa 40 neue Sorten. Nach seinem Tod führte Stadtdiener und „Gärtnergehilfe“ Friedrich Vöchting die blumige Angelegenheit fort. 35 Jahre und 35 Neuzüchtungen später übernahm Carl Gronemann, der aus dem bunten Zeitvertreib ein rentables Geschäft machte. Bis zum Ende des Ersten Weltkrieges entwickelte er über 1.500 Sorten, die als Pflanzen oder Samen in die ganze Welt geliefert wurden und die Blumenstadt Blomberg zur international bekannten Nelkenstadt machten. Es muss eine wahre Pracht gewesen sein, wenn im Sommer einige zehntausend Blumen in den herrlichsten Farben erblühten. Ein Augenschmaus, den sich auch die Fürsten zur Lippe nicht entgehen ließen. Sie kamen alljährlich mit ihren Gemahlinnen nach Blomberg, um die „Zarte Lipperin“, den „Feuerball“ oder die „Königin der Nacht“ ganz aus der Nähe zu begutachten. Natürlich wurde der Herr der Nelken, der auch den niederländischen Thron belieferte, zum Lippischen Hoflieferanten erklärt. Die Zucht der Blomberg-Blumen überstand zahlreiche Krisen, sogar zwei Weltkriege und sorgte bis in die 1960er-Jahre für

Die Blumenstadt und die größte (Stahl-)Nelke der Welt.

blühende Geschäfte. Auch wenn es die berühmte Blumenzucht heute nicht mehr gibt, erinnern die Nelkenkönigin und die größte (Stahl-)Nelke der Welt bis heute daran, dass Blomberg fürwahr ein echtes Blumenkind ist.

52 Die erste industrielle Revolution
Lippische Windmühlen

Sie galten als „stark wie hundert Männer" und waren über Jahrhunderte Energiebündel ohne Konkurrenz. Mühlen waren echte Kraftprotze und können sogar als Vorboten der industriellen Revolution gefeiert werden. Anders als im benachbarten Mühlenkreis haben sich in Lippe nur wenige Exemplare erhalten.

Die technischen Wunderwerke, mit denen Naturkraft per Nockenwelle und Holzgetriebe in mechanische Arbeitsleistung verwandelt wurde, kamen vermutlich schon mit den Römern nach Germanien. Längs der rauschenden Bäche und Flüsse duckten sie sich zumeist in tiefe Täler, bevor vermutlich im 11. Jahrhundert die ersten Mühlen entstanden, die ihre Kraft aus dem Wind schöpften. Die früheste Form war wahrscheinlich die der Bockwindmühle, auch „Deutsche Mühle" genannt, wie man sie aus den Illustrationen des Wilhelm Busch kennt. Nach und nach setzte man auch in Lippe immer häufiger auf luftgetriebene Mahlwerke. Bald wuchsen Mühlen in Ebenen und auf sanften Hügeln empor und wurden zu weithin sichtbaren Landmarken. Es gab Erdholländer-, Galerieholländer-, Turmholländer-, Koker- und Paltrockwindmühlen, deren zahlreiche Spezialisierungen schließlich mehr als 180 Anwendungsmöglichkeiten boten.

Für das allgemeine Verständnis war die Technik oftmals viel zu komplex, weshalb den meisten Leuten das unnatürliche Klappern und Stampfen der hölzernen Mechanik als unmenschlich, gar teuflisch galt. Zudem kannten sich die Müller erstaunlich gut mit dem Wetter aus, weshalb man in ihnen manchmal sogar mächtige Beherrscher der Elemente vermutete. Auch die meist abseitige, einsame Lage der Mahlbetriebe, in denen gewerkelt und gearbeitet wurde, wenn rechtschaffene Bürger im Bett lagen, sorgte dafür, dass Mühlen aller Art zum unerschöpflichen Quell von Märchen, Sagen und Legenden wurden, in denen es von dämonischen Wesen nur so wimmelt. Und konnte es redlich sein, dass man einen großen Sack Getreide hineingab und nur einen kleinen Sack Mehl herausbekam?

Massenhafte Landflucht, die Gewerbefreiheit und die Aufhebung des Mühlenzwanges führten im späten 19. Jahrhundert auch in Lippe zur Aufgabe zahlreicher Mahlbetriebe. Man schätzt, dass es in Deutschland um 1895 noch etwa 16.000 Mühlen gab, 1939 waren es nur noch 4.700. Zwar kam es nach dem Zweiten Weltkrieg zu einem kleinen Comeback der Uralt-Technik, doch spätestens in den 1960er-Jahren war das Mühlenwesen dem Untergang geweiht.

Während sich auf dem Saalberg bei Barntrup und dem Tönsberg bei Oerlinghausen nur noch die Torsi einstiger Windmühlen erhalten haben, konnte die ebenerdige Holländerwindmühle von 1853 in Kalletal-Bavenhausen als Baudenkmal erhalten werden. Zwar wird ihr Inneres inzwischen als Wasserhochbehäl-

Noch immer betriebsbereit: die Holländerwindmühle Brink in Kalletal-Bentorf.

ter genutzt und die Flügel sind lediglich Attrappen, dennoch präsentiert sie sich als eindrucksvolle Landmarke. Auch das hübsche Exemplar Fissenknick bei Horn-Bad Meinberg ist kein Original mehr, sondern wurde in den 1920er-Jahren wieder hergerichtet. Die letzte original erhaltene und betriebsfähige Windmühle Lippes steht in Kalletal-Bentorf. Der Erdholländer mit Jalousieflügeln wurde 1889 errichtet und hat genau 99 Jahre lang schwer geschuftet. Seit 1990 wird die Mühle als Industriedenkmal vom Museumsverein gehütet und gepflegt.

53 Von der Weißen Kunst
Papiermühle Plöger

Auch um ein kleines Land wie Lippe zu verwalten, bedurfte es zahlreicher Beamter. Und diese Beamten benötigten zum Verwalten bergeweise Papier. Damit das Gebirge aus Papierbögen und Akten ordentlich aufbewahrt werden konnte, waren auch jede Menge Aktendeckel erforderlich – und die lieferte die Papiermühle Plöger.

Eine Balkeninschrift mit den Initialen ERGLZ, der Jahreszahl 1703 und einer lippischen Rose verrät dem geübten Auge: Das Mühlengebäude am Ufer der Niese wurde vor über 300 Jahren von Rudolph Graf zur Lippe-Brake in Auftrag gegeben. Ein Vorgängergebäude an selber Stelle war nur wenig zuvor von einem Hochwasser zerstört worden. Die neue und leistungsfähigere Mühle wurde samt Weideland an die Papiermüllerfamilie Plöger verpachtet, die hier bis 1989 Papierprodukte herstellte.

Die Arbeit begann mit der seit dem Mittelalter üblichen Methode, bei der zunächst Textilien aus Leinen (Lumpen oder Hadern) gesammelt, sortiert, gereinigt und zerkleinert wurden. Nach mehreren Wochen im Faulkeller wurde die moderige Masse vom Stampfwerk der Mühle zerfasert. Aus einer mit diesem stinkenden Brei gefüllten Bütte schöpfte der Schöpfer nun mit einem feinen Sieb ein dünnes Flies heraus, aus dem nach dem Pressen, Trocknen, Leimen und Glätten beschreibbare Papierbögen entstanden. Die Müllerfamilie war mit dieser übelriechenden Handarbeit lange Zeit erfolgreich, überstand sogar mehrfach einen Wechsel der adeligen Besitzer, bevor die Mühle im Jahr 1870 ihr Eigentum wurde. Modernere Verfahren und neue Ansprüche machten in jenen Tagen eine Modernisierung und Erweiterung notwendig, sodass die Mühle fortan auch Aktendeckel produzierte, nach denen Kohorten von Verwaltungsbeamten sich verzehrten und ihre tintenbekleckste Hände ausstreckten. Der wirtschaftliche Betrieb lief bis in die 1960er-Jahre, danach wurde die Mühle nur noch als Hobby betrieben. Bedeutend ist jedoch, dass in dieser Papiermühle bis zum Schluss sämtliche Geräte und Maschinen einzig und allein von der Kraft des Wassers angetrieben wurden. 1992 pachtete der Heimatverein Schieder die Mühle samt originaler Ausstattung und eröffnete nach jahrelanger Renovierung ein Technikmuseum, das im Trockengang die verschiedenen Stationen der „Weißen Kunst“ um das Jahr 1900 präsentiert. Und wenn man die Wasserräder in Aktion erlebt hat, erfahren durfte, was Rundsiebmaschine, Gautscher und Knotenfänger so treiben und dann vom Klappern der Mühle an der rauschenden Niese immer noch nicht genug hat – auf dem Mühlengelände kann man auch übernachten.

Zwischen Lumpenschneider und Rührbütte: die Museumsmühle in Schieder.

54 Die lippische Limo erobert die Welt

Prickelbrause mit Punkt

Etwa 94 Prozent aller Deutschen kennen dieses lippische Original. Es ist so geläufig wie der Mercedes-Stern, so vertraut wie der Erdal-Frosch und so populär wie der Brause-Matrose von Ahoi. Vor über einhundert Jahren wurde in Lippe eine Jahrhundertmarke geboren, die bis heute in aller Munde ist: Sinalco.

Um 1900 hatte F.E. Bilz ausgesorgt. Der nahe Dresden lebende Heilkundler hatte mit einem Sachbuch über Naturheilkunde, seiner Naturheilanstalt und diversen Reform-Produkten den Nerv der gehobenen Gesellschaft getroffen. Man rannte ihm förmlich die Tür ein und riss ihm sein Werk gleich stapelweise aus den Händen. Bilz war ein bekannter und gemachter Mann, als einen schönen Tages Franz Hartmann aus Lage bei Detmold bei ihm vorsprach, um ihm eine prickelnde Idee zu unterbreiten. Der clevere Kaufmann, der in Lippe mit Essenzen für Liköre und Branntwein erfolgreich war, hatte vor, eine Limonade aus Mineralwasser und Fruchtzusätzen herzustellen, die dann unter dem Namen des Naturheilers auf den Markt kommen sollte. Bilz war begeistert, fügte noch ein wenig Expertenwissen hinzu, und schon war man sich einig. Ab 1902 eroberte die „Bilz-Brause“ von Lippe aus die deutschen Gaststätten, Erfrischungshallen und Kantinen. Drei Millionen Liter sind es im ersten Jahr, 1904 werden allein in Berlin täglich 60.000 Flaschen verkauft, schon sind es 25 Millionen Liter pro Jahr. Der Erfolg der durch ganz Europa schwappenden Fruchtbrause war gewaltig. Ein Millionengeschäft, das Neider und Nachmacher auf den Plan rief, und auch unter den „Erfindern“ für Querelen sorgte. Schließlich wurde es Hartmann unerträglich. Um die Streitigkeiten sowohl mit den Fälschern als auch mit dem Namensgeber zu beenden, ging er seinen eigenen Weg und suchte per Preisausschreiben nach einem neuen Namen für seinen Erfolgs-Trank. Heraus kam der Markenname „Sinalco“, abgeleitet vom

Blick auf das Verwaltungsgebäude in Detmold.

lateinischen *sine alcohole* (ohne Alkohol), der als Marke eingetragen und weltweit geschützt wurde. Nun begann der wahre Siegeszug der lippischen Limo, die bald auch im Orient, im Fernen Osten und in Südamerika an jeder Getränkebude zu kaufen war. Detmold wurde zum Stammhaus und Zentrum der Produktion, die 1908 zur Sinalco-Aktiengesellschaft Franz Hartmann Detmold wurde. 1937 kam das weltbekannte Logo mit dem schrägen weißen Schriftzug auf dickem rotem Punkt hinzu sowie einige Jahre später die unverwechselbare Formflasche – beide gehören bis heute zu den weltweit bekanntesten Markenzeichen. Nach den Rückschlägen während der Kriegs- und Nachkriegszeit lief die Marke in den 1950er- bis in die 1970er-Jahre zu neuer Hochform auf und konnte sich mühelos gegen amerikanische Soft-Konkurrenten behaupten. Die Marke wurde sogar zum Gattungsbegriff – wer eine Limo wollte, bestellte selbstverständlich die lippische.

55 Harte Arbeit, harter Stein
Ziegel aus Lage

Der Stoff, aus dem die Städte wuchsen, sind schlichte, rotbraune Backsteine. In Massen aus Ton geknetet, geformt, getrocknet und gebrannt, bildeten sie ab dem 19. Jahrhundert die Grundlage für das rasante Wachstum der Industriestädte. In Lippe sorgte die „Sylbacher Dampfziegelei" für Nachschub und ein spannendes Industriemuseum.

Die Idee, aus feuchtem Ton handlange Quader zu formen, die getrocknet als famoser Baustoff dienen, ist wahrlich keine neue. Und ihre Produktion beileibe keine hohe Kunst, allerdings über alle Maßen anstrengend. Denn zunächst musste der feuchte Rohstoff per Hand aus Gruben geborgen und mit Pferdeloren ins Werk transportiert werden, wo die matschige Masse im Kollergang erst zermahlen und dann in ihre Formen gestrichen wurde. Daraufhin waren die Einsetzer im Pressraum, die Zuschieber an den Trocknungsregalen und schließlich die Auskarrer im Ringofen an der Reihe. In der 1909 gegründeten Ziegelei zu Lage produzierte die 30-köpfige Belegschaft auf diese Weise pro Jahr etwa eine Million Mauerziegel. Erst 1922 wurde eine Dampfmaschine installiert, die die Produktion verdoppelte. Im weiteren Lauf der Zeit erfolgten verschiedene technische Verbesserungen, bis in den 1970er-Jahren das Tonvorkommen versiegte. 1979 schloss das Familienunternehmen Beermann die Pforten der Fabrik, deren gesamter Gebäude- und Maschinenbestand vom Landschaftsverband Westfalen-Lippe übernommen und zu einem faszinierenden Industriemuseum umgestaltet wurde.

Wo Einsetzer, Zuschieber und Auskarrer schufteten: Ziegeleimuseum Lage.

An den unterschiedlichsten original erhaltenen Stationen kann man heute etwas über die Produktionsweise erfahren und erhält eine ungefähre Ahnung von den harten Arbeitsbedingungen der Ziegler. Eine Ausstellung in der Beermann'schen Villa, die seit 2003 ebenfalls zum Museum gehört, informiert über die Unternehmerfamilie und das entbehrungsreiche Leben der Arbeiter, die als Saisonarbeiter monatelang von ihren Familien getrennt waren. Echte Ziegelfreunde kommen natürlich im Mai, wenn die historischen Maschinen in Gang kommen und der Ringofen für den Brand angeheizt wird. Denn wer besitzt schon einen eigenen, mit den eigenen Händen geformten Backstein, der in der riesigen Brennkammer für die Ewigkeit gebacken wurde? Und zum Abschluss ist ein Besuch im Museumscafé „Tichlerstoben" (Zieglerstube) Pflicht, wo abermals ein traditionell gebackenes Produkt im Mittelpunkt steht: Lippischer Pickert.

Der Autor

Matthias Rickling

Matthias Rickling arbeitet als freier Autor und veröffentlichte in der Vergangenheit eine Vielzahl von regionalgeschichtlichen Titeln. Weiterhin lieferte er Beiträge und Konzepte für historische Ausstellungen und Dokumentationen. Seit seiner Studienzeit im Schatten des Bielefelder Leinewebers ist der Historiker ein bekennender OWL-Fan. Nach Ausflügen in diverse andere Regionen lebt er heute im ostwestfälischen Büren.

Bildnachweis

Shutterstock/Guenter Albers: Einband vorne; Shutterstock/wewi-creative: Vorsatz; Shutterstock/Joel Wuestehube: S. 2, 10/11, Nachsatz; Shutterstock/jeeick: S. 7; Von Tsungam - Eigenes Werk, CC BY-SA 4.0, https://commons.wikimedia.org/w/index.php?curid=49159272: S. 8/9; Von Saturos123 - Eigenes Werk, CC BY-SA 3.0, https://commons.wikimedia.org/w/index.php?curid=14671708: S. 12/13; Shutterstock/Joppi: S. 14/15; Shutterstock/wewi-creative: S. 16/17; Von Tsungam - Eigenes Werk, CC BY-SA 4.0, https://commons.wikimedia.org/w/index.php?curid=48513203: S. 18/19; Von Tsungam - Eigenes Werk, CC BY-SA 3.0, https://commons.wikimedia.org/w/index.php?curid=25853082: S. 21; Von User:Nikater - Eigenes Werk, CC BY-SA 4.0, https://commons.wikimedia.org/w/index.php?curid=5073923: S. 22/23; Shutterstock/Andreas Alexander: S. 25; Fotoschule des Sehens: S. 26; Adlerwarte Berlebeck: S. 27; GesUnd-Tourismus Horn-Bad Meinberg GmbH: S. 28, 33, Einband hinten (links oben); Sammlung Matthias Rickling: S. 5 (rechts), 29, 37, 105, 114; Shutterstock/Bildagentur Zoonar GmbH: S. 31, 41, 43; Von Louis Glaser, Leipzig - Detmold und der Teutoburger Wald, Gemeinfrei, https://commons.wikimedia.org/w/index.php?curid=12735786: S. 32; Von Nifoto - Eigenes Werk (Nifoto), Gemeinfrei, https://commons.wikimedia.org/w/index.php?curid=6511046: S. 35; Privat-Brauerei Strate Detmold GmbH & Co.KG: S. 4 (Mitte), 38, 39; Von Simon Peter Tileman - http://www.llb-detmold.de/sammlungen/literatur-archiv/stammbuecher.html, Gemeinfrei, https://commons.wikimedia.org/w/index.php?curid=10268898: S. 44; Shutterstock/Sina Ettmer Photography: S. 45; Von Johannes Gigas - Kartensammlung Moll, http://mapy.mzk.cz/de/mzk03/001/061/662/2619320745_01/, Gemeinfrei, https://commons.wikimedia.org/w/index.php?curid=23202745: S. 47; By Wolfgang Michel - Engelbert Kaempfer: The History of Japan. London 1727 (Collection W. Michel, Fukuoka), CC0, https://commons.wikimedia.org/w/index.php?curid=50754164: S. 48; Von Engelbert Kaempfer (edited by Johann Caspar Scheuchzer) - http://worldhistoryconnected.press.illinois.edu/3.3/gilbert.html Engelbert Kaempfer: The History of Japan. London, 1727., Gemeinfrei, https://commons.wikimedia.org/w/index.php?curid=12776908: S. 49; Shutterstock/Marc Venema: S. 51, 83; Gemeinde Kalletal: S. 52; Von Verlag von Dr. Hottingers Volksblatt - Volksblatt. Eine Wochenzeitschrift mit Bildern. Herausgegeben von Dr. Christlieb Gotthold Hottinger, self scanned, Seite 228, Gemeinfrei, https://commons.wikimedia.org/w/index.php?curid=6488098: S. 53; Gleimhaus Halberstadt Museum der deutschen Aufklärung: S. 55; Von Daniel Brockpähler - Eigenes Werk, CC BY-SA 3.0, https://commons.wikimedia.org/w/index.php?curid=10244627: S. 4 (rechts), 57; Shutterstock/Everett Collection: S. 59; By Grugerio - Own work, CC BY-SA 3.0, https://commons.wikimedia.org/w/index.php?curid=114209027: S. 4 (links), 61; Gemeinfrei, https://commons.wikimedia.org/w/index.php?curid=875496: S. 63; Stadt Oerlinghausen: S. 65, Shutterstock/Art_Pictures: S. 67; Gisela Thurner: S. 69; Haus der Geschichte Baden-Württemberg: S. 71; Shutterstock/Borisb17: S. 73, 87; ©Martin Emrich: S. 75; Von Tsungam - Eige-

Bildnachweis

nes Werk, CC0, https://commons.wikimedia.org/w/index.php?curid=36784192: S. 77; Von Tsungam - Eigenes Werk, CC0, https://commons.wikimedia.org/w/index.php?curid=21979758: S. 79; Von Tsungam - Eigenes Werk, CC BY-SA 4.0, https://commons.wikimedia.org/w/index.php?curid=48233063: S. 81; By Tsungam - Own work, CC BY-SA 4.0, https://commons.wikimedia.org/w/index.php?curid=59333346: S. 85; Denkmal: Von Nikater - Eigenes Werk, CC BY-SA 4.0, https://commons.wikimedia.org/w/index.php?curid=5083826: S. 88; By Tsungam - Own work, CC BY-SA 4.0, https://commons.wikimedia.org/w/index.php?curid=50228039: S. 89; Lippisches Landesmuseum Detmold: S. 90, 91; Shutterstock/Wirestock Creators: S. 92/93; Archäologisches Freilichtmuseum Oerlinghausen/Stefan Brinkmann: S. 94/95; By Tsungam - Own work, CC BY-SA 4.0, https://commons.wikimedia.org/w/index.php?curid=44965993: S. 97; Von Grugerio - Eigenes Werk, CC BY-SA 3.0, https://commons.wikimedia.org/w/index.php?curid=21021087: S. 98/99; LWL/ Sánchez: S. 100; LWL/Stuke: S. 4/5, 101; Museum für russlanddeutsche Kulturgeschichte: S. 102/103; Von Wewoewi 20:39, 14. Nov. 2008 (CET) - Mappe mir Bildern aus Salzuflen, unbekannter Herausgeber, unbekannter Künstler, Gemeinfrei, https://commons.wikimedia.org/w/index.php?curid=6892636: S. 5 (Mitte), 106/107; Blomberg Marketing e.V.: S. 109, Einband hinten (rechts); Von Grugerio - Eigenes Werk, CC BY-SA 3.0 de, https://commons.wikimedia.org/w/index.php?curid=35209742: S. 111; Von Tsungam - Eigenes Werk, CC BY-SA 3.0, https://commons.wikimedia.org/w/index.php?curid=21572041: S. 113; Deutsche Sinalco GmbH: S. 115, Einband hinten (links unten); LWL-Industriemuseum Ziegelei Lage: S. 116/117.

Impressum

Sutton Verlag GmbH
Arnstädter Straße 8
99096 Erfurt
www.suttonverlag.de

ISBN: 978-3-96303-221-9
Druck: Florjančič Tisk d.o.o. / Slowenien
Gestaltung und Herstellung: Sutton Verlag
Lektorat: Gertrud Menczel

In diesem Buch wird aus Gründen der besseren Lesbarkeit das generische Maskulinum verwendet. Weibliche und anderweitige Geschlechteridentitäten werden dabei ausdrücklich mitgemeint, soweit es für die Aussage erforderlich ist.

Buchhinweise

Matthias Rickling

Unnützes Wissen Ostwestfalen-Lippe

Skurrile und außergewöhnliche Fakten zum Angeben

13,99 € | ISBN: 978-3-96303-190-8

suttonverlag.de

Johannes W. Glaw

Historische Kapitalverbrechen in Ostwestfalen-Lippe

30 spektakuläre Kriminalfälle aus fünf Jahrhunderten

14,99 € | ISBN: 978-3-96303-394-0